OHSAMA BUNKO

「全部、思い通り♡」になる方法

宮本佳実

JN250208

心地よいほう、心が軽くなるほうを選んで、
もっともっとリラックスして、人生を楽しむと、
自然と魂が光り輝いて、「本当の私」が輝きだす……

誰かみたいに頑張るのをやめた。
すごい人のマネもやめた。

スケジュールを詰め込むのをやめて、
予定のない時間をつくる。
ジャケットを着るのをやめて、
お気に入りのワンピースで仕事をする。

そうしたら、「すごいあの人みたいに!」と
頑張っていたあの時よりも、
いまの私は、はるかに自由に身軽になって、
スルスルと新しいステージへと進めるようになった。

さあ今日も、起きたい時間にスッキリと目覚めて、
お気に入りのあの服に着替えて、私を楽しもう。

「私らしく成功する」と決めた瞬間、
私は「本当の私」になる。

まえがき――私たちの人生は、例外なく「思い通り♡」

自分の思った通り、好きなように生きたとしても、人生がうまくいくのだとしたら、あなたはどうしますか？


「いつも、我慢してばかり」

「思い通りに生きるなんて……ムリ！」

そんな声を、よく耳にします。

なぜ私たちは、いろいろなことを我慢して生きているのでしょうか。なぜ、私たちは自分の思った通りに生きられないのでしょうか。

それはきっと、好きなように生きていたら、思い通りに生きてしまったら、

- 将来が不安
- 誰かに何か言われるのが不安
- 周りと協調できなくなるのが不安
- 失敗してしまったら不安

などなど、「未来がうまくいかなくなる気がするから……」という理由がほとんどだと思います。

そう、私たちは、「未来の安定のため」に、「いま、やりたいこと」を犠牲にしていることが、とても多いのです。

私たちの人生は、例外なく「思い通り」です。

「え!? 全然、思い通りに生きられていない」と思った方もいるかと思います。

でも、実はそれさえも、「思い通り（望み通り）に生きられない！」ということが、思い通りになっているのです。

私たちの未来は、自分自身の「思い」で、つくられています。

先日会った友人が「私、恋愛だけはうまくいくんだよね～」と、言っていました。「仕事とか、お金とか、その他のことは、あんまりうまくいかないんだけど、なぜだか恋愛だけはうまくいく」

と彼女は話していたのですが、それは偶然ではありません。

彼女自身がそう思っているから、「恋愛は努力しなくてもうまくいくけれど、他のことは、それほど……」という現実がつくられているのです。

自分自身や周りの人を見渡してみても、「私、これに関してはうまくいくのに、こっちは……」と言っている人が多いと思います。

そして、そう言っている人たちは、よくも悪くもみな、「自分が言った通りの現実」を生きていますよね。

私も、長い間、自分の「枠《わく》」を決めているというか、「私は、このくらい」と思い込んでいました。

高卒のＯＬだった私は、「私が叶《かな》えられるのは、これくらい」と、理想を思い描く時も制限をかけていたように思います。

でも、昔から大好きだったファッションを仕事にすると決め、個人向けのパーソナルスタイリストとして自分で仕事をはじめてからは、その制限を外しました。

自分が「こうしたい！　こうなりたい！」ということを、素直に正直にノートに書き、何度もイメージするようにしたのです。

そうしてからは、不思議なことに「望んだ通り、理想として思い描いた通り」にどんどん現実が変わっていきました。

これは、私が特別だから、理想が叶ったのではありません。

コツさえつかめば、誰でも、「自分が本当に望む未来」をスルスルと実現していくことができるのです。

今回の本には、その方法、考え方のコツをたっぷりと書かせていただきました。

できるところから実践していただけたら、あなたの理想はどんどん現実になっていくことと思います。

どうせだったら、「嫌なことだらけの世界」「居心地の悪い世界」よりも「好きなことばかりの世界」「居心地がものすごくいい世界」で生きていきたいですよね。

この「好きなように生きる世界」は、誰かに用意してもらうものではありません。自分自身が考え方のコツを覚えたり、行動を少し変えたりすることで実現していきます。そうするだけで、いつの間にか、そんな世界に身を置けているのです。

さあ、みなさんも一緒に「好きなことばかりの、とびきり優しい世界」に身を置きませんか？

これでもう、全部思い通り♡

宮本　佳実

目次

1章

「好きなこと♡」ばかりのとびきり優しい世界
――こんな〝素敵な展開〟が待ってるなんて

2章

「思い通り♡」の人生の叶え方
――遠慮しないで「理想の自分」になろう

3章
もっと「欲張り♡」に生きていい
――自分の中で「いいよ」と認めてしまおう

4章

私の「ちょうどいい♡」の見つけ方
――「自分が心地よくいられること」を最優先！

5章

あっさりと「いいこと♡」は起きる

――「どんな答えが出るかなー」と楽しみに待とう

6章

「素敵な未来♡」があなたを待っている
――夢を追いかけるなら、軽やかに自然体で

1章

「好きなこと♡」ばかりのとびきり優しい世界

——こんな〝素敵な展開〟が待ってるなんて

1 「幸せになる」って、こんなに簡単なこと

「もっと幸せになりたい！」
「なんで私ばっかり、こんな目にあうの？」

多くの人は、一度や二度、いえ、もっと頻繁《ひんぱん》に、こんなことを思っているかもしれません。私も、ずっとそう思って生きていました。

「もっとお金持ちの家に生まれていたら……」
「もっと可愛く生まれていたら……」

「もっと収入の高い人と結婚していたら……」
「私にもっと才能があったら……」

もっと幸せになれるのに!!!

そんな心の叫び。時には、自分がかわいそうで泣けてきて、お風呂でシャワーに打たれながら、悲劇のヒロインのように泣いたりしたこともありました。
いまになって思うのですが、私はあの頃「幸せ」をものすごく難しく考えていました。

「幸せ」とはすごく高尚《こうしょう》なもので、とても尊《とうと》く、そんな簡単には味わえない、特別なもの。そんなふうに思っていたのです。だから、「もっと、こうなれば」「もっと、ああだったら!」と高みを目指して、現状を嘆《なげ》き、「幸せ」に飢《う》えていたのだと思います。

「生まれてきてよかったー！」をこまめに満喫しよう

私がつい最近、「生まれてきてよかったー!!! 幸せ!!」と心から思えたのは、大好きな名古屋名物「矢場《やば》とん」のみそかつを食べた時でした。

あまり幸せそうに私が食べるのを見て、パートナーの彼が「本当に幸せそうに食べるね……。そんなに幸せ?」と、ちょっと呆《あき》れていたくらいです。

いま私は、昔、現実を嘆いていた頃に想像していた、理想の仕事や収入、住む場所……あの頃、「もっと、こうなれば幸せなのに!」と思っていたその「もっとこうなれば」が叶った人生を生きていると思います。

でも、そんないま、心から「幸せ」と感じることは、あの現状を嘆いていた時にも体験できていたことばかりなのです。

スタバでお気に入りのフラペチーノを味わっている時、とりとめもない話を友人たちとダラダラとしている時、自宅のリビングでテレビを見ている時……。「あぁ、幸せだなぁ」と感じることは、昔から実は、いつも目の前にたくさんあったのに、それをただ見ないようにしていた。

「そんなことで簡単に幸せを感じてはいけない」と思っていた。

だから、「もっとこうだったら!」と、理想ばかりを掲《かか》げて「いま」を嘆いていたのです。

「幸せ」は、もっともっと簡単なものです。

小学生のドリルのように、誰もが解ける計算式のように、それはとてもやさしい。だけど、みんな「幸せ」を難しく考えすぎていて、勝手に一人で不幸を演じているのです(私が昔、シャワーに打たれながら泣いていたみたいに)。

目の前の幸せをたくさん集めて、いますぐ自分の幸せに浸《ひた》ろう♡

ワーク◆いま、あなたの目の前にある「幸せ」を書き出してみましょう

2 小さな「ウキッ♡」にもっと敏感になる!!

「あの大きな理想が叶えば、人生すべてうまくいく！」

私たちは、そんなふうに思いがちですが、それは違います。

もちろん理想が叶うのはうれしいことですが、そこからまた「普通の日常」が続いていきます。

だからこそ、**私たちは、もっともっと日常の小さな幸せに敏感になるべきなのです。**

私は作家になるのが夢でした。

作家という職業に恋い焦《こ》がれて「絶対に本を出したい」「本さえ出せれば！」なんて、心の中で執着《しゅうちゃく》していたところもあったと思います。

そして、この大きな理想が叶い、作家になったら、もっとすごい「幸せの形」が待っているのだと期待していました。

「新しい服を可愛く着こなす私、幸せ」

でも、実際には、本を出す前と後で、日常生活に特に変わりはないし、先にも書いた通り、幸せを感じることについても、ほとんど変化はありません。

昔と同じように、大好きな漫画を読んで「ウキッ♡」とし、大好きな洋服を探しにショッピングに出かければ心躍ります。

もちろん、洋服などは、昔買えなかったブランドのものが買えたり、より質のいいものをいまは買えるということがあったりはします。でも「新しい服を探す」「新しい服を着る」ことへのウキウキは、昔となんら変わりありません。

「いま、こんな安い服しか買えないからウキウキしない」

ではなくて、

「新しい服を、可愛く着こなす私、幸せ♡」

と思う。

もちろん、服は一つの例で、それに限ったことではありません。

自分が好きなものは、どんな形でも、自分を楽しませ、喜ばせるために使うことで、いつでも幸せを感じることができるのです。

3 「この世のしくみ」は、どうなっている？

ここで、ちょっとスピリチュアルな話になりますが、「この世のしくみ」について、みなさんにお話ししたいと思います。

私の考え方の根本をお伝えする上で、「この世のしくみ」のお話は一番わかりやすい説明だなと思うので、少しおつきあいいただけたら幸いです。

私は、「ワークライフスタイリスト®」として活動しており、新しい働き方・生き方を提案しています。ですから、スピリチュアルなことにすごく詳《くわ》しいとか、何か見えないものが見えるとか、そういった能力があるわけではありません。

でも、大きな「見えない力」が自分の人生に影響することや、自分の思考が現実を引き寄せるという**「引き寄せの法則」**を自分の感覚で理解してきました。

そういった中で、先日こんな本を偶然、読んだのです。それはインド人女性が書いた本で『喜びから人生を生きる！』（アニータ・ムアジャーニ、奥野節子訳、ナチュラルスピリット刊）というタイトルでした。

アマゾンの読み放題のコンテンツに入っていて、飛行機の中で何気なく読んだのですが、そこには、それまで私が考えてきたこと、伝えてきたことの「答え合わせ」のような内容が書いてありました。

この本の著者は、末期ガンを患《わずら》い、臨死体験をします。そう、一度死を体験し、この世界にまた戻ってきたのです。そして、この世に戻ってきた数日後には、全身を侵《おか》していたガンが、きれいさっぱりなくなっていた……というのです。この本には、その体験がぎっしりと書かれていました（もちろん、ノンフィクションです）。

その中に、私の心に衝撃が走った彼女のひとことがあります。一度死を体験した時、わかりやすく言うと、肉体から魂が離れ、魂のみの状態になった時、彼女は、

「夢から醒《さ》めた！」

と思ったというのです。死んだ後の世界が現実で、肉体を持って生きていたこの世界が、夢のように感じられたのだそうです。

「やっぱり、そういうことか」とわかったこと

私はそれを読んだ時、「あぁ、やっぱりそういうことか」と、思いました。

いまはスピリチュアルな世界のことが当たり前のように受け容《い》れられていて、占い師さんに前世《ぜんせ》を見てもらう方も少なくありません。

私も、いわゆる「見える方」に、前世はダンサーだったとか、お城の門番だった

とか、お百姓の嫁だったとか……言われたことがあります。

そう、この肉体が死を迎えても、また違う「誰か」として、「何度も生まれ変わる」――そんな考え方が、いまでは広く共有されています。

この本の筆者である女性は、死を体験した時、肉体から魂が離れ、魂のみの状態（エネルギー体）になったそうです。

スピリチュアルな世界では、「肉体は借り物」ということがよく言われます。

そして、私はこの本に出合うことで、本当の私とは「魂」であり、この肉体とは「今世《こんせ》での借り物」にすぎないのだと改めて理解しました。

この本の筆者が言うように、死後の世界こそがリアルだとしたら、いま生きているこの世界は、バーチャル・リアリティ（仮想現実）のようなものと言えるかもしれません。そう、

「この世はバーチャル」

なのです。

4 ワクワクする方向に、人生をクリエイト

「いま生きているこの世界が、私の世界のすべて」――そんなふうに思っていると、将来のことを考えて不安になり、「いま」を思いっきり楽しめなくなりがちです。

あなたにも、心あたりがありませんか。

でもね、「この世がバーチャル」で、私たちは「この世界にちょっと遊びにきているだけ」だとしたら……そんな悩みって、なんだかちょっとバカバカしく感じられたりします。

この世界のすべてが、「完全なるリアル」だと思っているからこそ、ついつい考

え込んでしまうわけです。

でも、「この世はバーチャル」と考えることができたら、将来の不安や未来への焦《あせ》りにおそわれた時も、

「あ、私、真面目《まじめ》に考えすぎてた（笑）」

と自分で自分に突っ込みを入れて、深刻にならずに済みます。

そして、目の前の「楽しいこと」にフォーカスできるのです。

人生は「魂の修行」ではなく「魂の旅行」

「人生は魂の修行のようなもの」なんて言ったりしますが、私は、

「人生は魂の旅行」

だと思っているんです。

旅行って「期間限定」だから、その間は思いっきり楽しもうとしますよね。
本当は人生もそれと同じで、「この私」でいられるのは今世だけで、「期間限定」なわけだから、思いっきり楽しめばいいのです。

その旅行をどんなふうにアレンジするかは、私次第。

仲間と一緒にワイワイ楽しんでもいいし、一人で気ままに進んでもいいし、ラグジュアリーな時間を過ごしてもいいし、サバイバルな体験にチャレンジしてもいい。いろいろなものを少しずつ、つまみ食いするように、人生をあれこれ楽しんでもいい。

旅行をクリエイトするように、私は「私の人生」を好きなようにクリエイトすることができるのです。

5 私を幸せにできるのは「私」だけ

こういう考え方を理解したとしても、もちろん毎日の中で「嫌だな」「あーあ」と思うことって普通にあります。

そういう時、私は、

「こういう気持ちも味わうために、この世界に生まれてきたんだよな」

と思います。

「これは嫌だな」という気持ちも、「大変だな」という思いも、「この世界に、この私として生まれてきた」からこそ、味わえるのです。

魂だけになった世界では、傷つくことも、つらいことも体験できません。そういうことはすべて、この世界にいるから、体験できるのです。

ただ、嫌なことが起こったとしても、「自分は不幸だ」「自分はダメな人間だ」と思うことはありません。それは「ただの出来事」であって、自分が「幸せに生きられるか」や「自分自身」には一切、関係がないからです。

「人生を安定させる」って、こういうこと

私はいつも、

「彼氏がいない」「お金がない」は、自分の幸せには一切、関係がない

とお伝えしています。

多くの人は、「彼氏がいないから、私は不幸だ」「お金がもっとあったら、幸せになれるのに」と言います。

でも、実のところ、自分以外の誰も、何も、自分を幸せにすることはできません。

私を幸せにできるのは、私だけなのです。

たとえば、私が明日、彼に振《ふ》られたら、もちろん悲しいですが、だからといって不幸になるわけではありません。

たとえパートナーがいなくても、お金がなくなったとしても、私たちは楽しいことをし、好きな本を読み、心地のいい場所で、気の合う友人たちと会い、好きなことをする。

自分の人生をちゃんと幸せに生きられるのです。

自分で自分のことを幸せにできる人たち（本当の意味で自立している人たち）が、「いま」一緒にいることを選択している、というのが、よいパートナーシップを築いている状態だと私は思います。

これは、「お金」についても同じ。お金があってもなくても、自分で自分のことを幸せにできる人は、「お金」ともいい関係を築けるのです。

そう、「幸せ」に、外的要因は関係ありません。

繰り返しますが、**私を幸せにできるのは「私」**だけなのです。


「人生を安定させる」とは、貯金をするとか、平均年収以上の人と結婚するとか、優良企業に就職するとかいうことではありません。

「自分で自分を幸せにする力」をつけることなのです。

だからこそ、自分が何に幸せを感じるのかを、細かく自分自身が理解しておくこと。


散歩をする、愛犬と遊ぶ、料理をする、ケーキを食べる……。

たくさんの小さな「私の幸せリスト」をつくっておくと、自分の幸せを見逃すことが減っていきます。

6 自分を喜ばせると「魂」がピカピカ光りだす

私も、普段、「ついてないな」「なんだか、起こることが、自分のイメージしていたことと、ずれている気がする……」ということがあります。

そんな時、自分を振り返ってみると、日常で「自分を喜ばせる」ということが、なおざりになっているな、ということに気づきます。

「自分を喜ばせる」とは、「自分の魂（=本当の自分）を喜ばせる」ということ。

そして、**「自分を喜ばせる」**と、**「魂」はどんどんピカピカと光りだす**のです!!

「自分の喜び」を気にかけるのではなく、世間の評価とか、人の目や意見ばかりを気にしていると、「自分がどうしたいか」「自分はどうしたらうれしいのか」がわからなくなり、「世間や他人の評価」＝「自分の基準」になってしまいます。

そうすると、「本当の自分」＝「魂」は、どんどんくもってしまうのです。そうなると、

「自分は何が好きなのか、わからない」

「自分がどうしたいのか、わからない」

ということになってしまいます。

そういう方はとても多いのですが、「自分がどうしたいのか、わからない」と、いつまでたっても、「本当の幸せ」を感じることが難しくなるのです。

「魂ピカ」で本当の私が輝く

だから、毎日、丁寧《ていねい》に「自分を喜ばせる」ということをしていきましょう。

これを私は、

「魂ピカピカキャンペーン」

と、名づけました！

略して、「魂《たま》ピカ」！

この「魂ピカ」ですが、自分を喜ばせることで、自分の魂をキュッキュッと拭《ふ》くイメージです。自分を喜ばせていないと、また「他人の目」や「世間の基準」で物事を判断してしまい、すぐに魂はくもってしまいます。だから、こまめに拭いてあげることが大事なのです。

なので、一定期間、徹底的に自分を喜ばせると決め（今日から一カ月……などがオススメです）、実行してみてください。

魂をピカピカにすることで、「本当の私」がどんどん輝きだすのです。

自分を喜ばせるとは、ものすごく気分を高揚させるとか、ものすごくワクワクさせるということではありません（もちろん、たまにそういうことがあってもいいです）。普通の日常を、もっともっと丁寧に過ごし、心地よいものにすること。

◆ゆっくりお風呂に入って、「私を心地よく」させる
◆目覚ましをかけずに思う存分寝て、「私を心地よく」させる
◆好きなカフェに行って、「私を心地よく」させる
◆コンビニのお菓子も「私が喜ぶ」という基準で選ぶ
◆週末の予定は「私が喜ぶ」で選ぶ
◆ランチも〝とりあえず〟じゃなくて「私が喜ぶ」で選ぶ

などなど、毎日の日常の一つひとつを、「私が喜ぶ」「私が心地よい」「私の心が軽くなる」を基準に選んでいくことです。

ワーク◆日常の「私が喜ぶリスト」を書いてみましょう

7
基準は「私の声」だけ

五年くらい前でしょうか、本の出版が叶い、お伝えしたいことがたくさんの人に届くようになり、とても幸せな気持ちを感じていました。

それは、私が前々から「こうなったら、最高なのに」と、思い描いていた未来でした。そんな未来が現実になったら、きっと私は「すごい私」になっているだろうと、昔の私は想像していました。

でも、昔、思い描いていた「理想の未来」が現実になったその時の私は、「すごい私」になっているとは、全く感じませんでした。

むしろ、

「本当の私」に戻った……

という感覚だったんです。

起業していく過程で、私は自分の好きなこと、自分にとって楽しいこと、うれしいことを一つひとつ選び取り、嫌いなこと、楽しくないこと、嫌なことを、少しずつ手放していく、ということをしてきました。

そうやって自分を丁寧に喜ばせることで、どんどん「本当の私」に戻っていったのだと思います。

「雰囲気がすごく素敵な人」に共通すること

「自分を喜ばせる」＝「魂を磨く」ということをすると、魂がピカピカになります。

それはまた、「本当の私」がピカピカ輝きだすということでもあります。

世間や他の人の意見、基準などに振り回されていると、魂はだんだんくもってきます。でも、丁寧に自分を喜ばせることで魂をキュッキュッと磨いていくと、どんどん光り輝いていきます。


この「自分を喜ばせる」という「魂ピカ」は、本当は一定期間だけやることではなくて、一生、毎日やり続けることです（最初はキャンペーンにして、期間を決めて意識してやってみてください）。

そうしないと、魂はすぐにまた、くもってしまいます。

いつでも、「自分はどうしたいか」「私は何が好きなのか」ということが、わかっていないと、「私の人生」を生きていることにはなりません。

「好きなことを、好きなだけ♡」な人生にするために、今日も私はせっせと「私」を喜ばせています。

★「魂ピカピカ」と「モンモン」の状態★

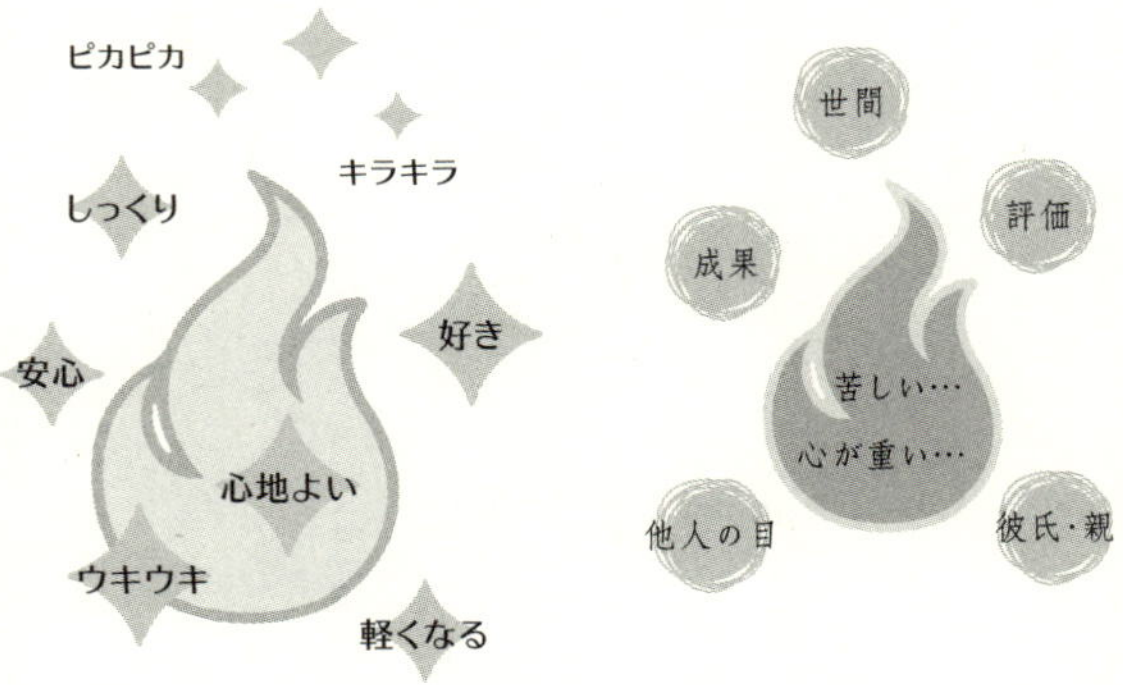

心地よいほう、心が軽くなるほうを選んで、もっともっとリラックスして、人生を楽しむと、自然と魂が光り輝いて、「本当の私」が輝きだすのです。

私の周りでも、「この方、すごく雰囲気が変わった」「すごく素敵になられたな！」という方は、自分を喜ばせて、「本当の自分」に戻られた方がとても多いんです！

◆周りの目を気にして着られなかった「好きな服」を着るようになった

◆「安定第一！」と思って選んだ好きではない仕事を辞めて、好きな仕事をはじめた

◆「自分なんて」という思いを払拭《ふっしょく》して、SNSで「私らしさ」を発信するようになった

本当はやりたかったこと、本当は好きだけど封印していたこと……それを、「私が喜ぶならいいんだよ～」と自分で自分に許して、少しずつやってみる。

そうすると、どんどん、「本当の私」に戻っていくんです。

何かを選ぶ時の基準は、「誰かが喜びそう」でも、「周りから褒《ほ》められそう」でも、「結果がうまくいきそう」でも、「お得そう」でも、「余裕でできそう」でもなく、「私が喜ぶか、うれしいか、心地よいか、心が軽くなるか、好きか、楽しいか！」です。

基準にするのは「私の声」だけ♡

2章

「思い通り♡」の人生の叶え方

――遠慮しないで「理想の自分」になろう

1 本当の私と〝内緒のミーティング〟をしてみる

人生を本当の「思い通り」にしたいのなら、自分が心から望んでいること（＝「理想」）を、まずは明確にすることが、とってもとっても大事です。

そこで、これは、本当に誰にも遠慮することなく、

「こうなったら、もう最高!!!」

と思うことを自由にノートに書き出してみてください。

この時に「私にはムリだよね」「こんな大それたことを書いたら……」と尻込みすることはありません。だって、誰も見ていないから。

自分にとっての「こうなったら最高♡」とは?

誰も見ていない時でさえ遠慮がちになっているのなら、人前ではもっともっと遠慮して生きているということです。

本当の自分が望んでいることを「できない」「言えない」というのは、とっても窮屈《きゅうくつ》なこと。

私たちは、「本当の私=魂」が望むことを叶えるために、この世界に生まれてきたのです。だから、まずは、本当の私が望んでいることを、自分自身が認識してあげるところから、はじめてみませんか?

誰も見ていない時、ワクワクした気持ちで、あなたの「こうなったら最高♡」をノートに書き出してみてください。

私はこの「遠慮のない理想の書き出し」を、ことあるごとにやっています。多い時は毎日やるくらい。

もちろん、同じことを書くことになったりもするのですが、私たちは毎日、変化しているので、「今日もこの望みを抱《いだ》いているな」という確認にもなります。また、新しい望みが加わっていったり、以前には書いていたことを書かなくなったりなど、「いま」の自分の望みを確認できる、とてもいい方法だなと思っています。

自分の「望み」は常にアップデート

私たちは毎日、毎瞬《まいしゅん》、変化しています。変化を繰り返すことで、赤ちゃんから成長し、老いていくのです。体が日々変化しているのだから、思考も変化して当然です。昨日「理想」に掲げたことが、「今日」も理想だとは限りません。

だから、私は定期的に理想を書き出しています。

もちろん、「絶対、毎日やらなきゃ！」と、意気込む必要はありません。

私は、移動中とか、一人でカフェにいる時とか、「書こうかな」と気分が乗った時に書いています。

ですから、忙しさにかまけて、何週間も書くことを忘れている時もあります。そういう時は「私は何がしたいんだっけ？」と、頻繁に自分に問いかけるようにしています。

それだけでも、自分の本当の気持ちを確かめることができるので、オススメします。

それから、昔からこの日にお願いすると叶いやすいと言われている「**新月のお願いごと**」。

私は毎月、新月に十個、その時の望みを書くようにしています。一カ月に一回ある、わかりやすいタイミングで忘れずに望みを書き出すことができるので、新月を目安にするのは、とても便利だと思います。

理想を書き出すことは、「本当の私」との内緒のミーティングなのです。

2

「自分の正直な気持ち」にまっすぐ向き合う

魂がくもった状態にあると、私たちは「自分の基準」で生きることができずに、「世間の基準」に振り回されて生きることになります。

世間で一般的によしとされる、

- 安定的な企業に勤める
- 適齢期で結婚する
- 痩《や》せていたほうがいい

などなどの価値基準に自分を合わせて生きていると、「自分がどうしたいか」が見えなくなってきて、「周りからどう思われるか」に一喜一憂することになります。「世間の基準」＝「私の基準」になってしまい、そのことに疑いすら持たなくなってしまっている人も少なくありません。

もう、自分に嘘をつけなくなっている

でも、そんなふうに世間や周りの基準で生きてきたとしても、「本当の私」が求めている基準とはずれているから、心のどこかから、「本当にこれで、いいのかな？」「私の場所って、ここなの？」というモンモンする思いが湧いてきます。

時には、「こんなんじゃ、納得いかない！」と憤慨《ふんがい》したりして……。

そう、ここ最近、思うことは、

「もう、みんな自分に嘘《うそ》をつけなくなっている」

ということ。

好きなこと、やりたいことを、これまでは我慢するのが当たり前だったけれど、好きなこと、やりたいことができないことからくる窮屈さとか「本当の私」で生きられないことの違和感を、多くの人が感じるようになってきたのではないでしょうか。


世間の評価や、他人の価値観とは関係なく、私が楽しく心地よくいられることを基準にして生きる。

それを実践しているからでしょうか、最近では、人気の芸能人が「引退する」という決断をすることも、少なくありません。

人から羨《うらや》ましがられることではなく、自分自身が喜ぶことをして、自分の気持ちに正直に、嘘いつわりなく向き合った時に、「本当の自分が心から心地よく生きられる場所」を私たちは選ぶことができるのです。

3 「モンモンすること」をスッキリ解決する方法

いま、「嫌だな」「モンモンするな」ということがあるという方は、ぜひ、その「嫌なこと」「モンモンすること」に光を当ててみてください。

この「嫌だな」「モンモンするな」を、わざと見ないようにしている方が、とても多いのです。でも、その嫌な気持ち、モンモンは、直視しないと、エンドレスに続いていくことになります。

だから！　ちゃんと光を当てて、自分は「何が嫌で」「何にモンモンしているのか」を、考えてみましょう。さらに、それをノートに書き出してみると、もっといいと思います。

光を当てたら、その気持ちを認めてください。

「あー、私は、これが嫌だったんだ」

「これにモンモンしていたんだ」

と自分自身できちんと認めるのです。

その上で、

「その嫌なことがどうなれば、心が軽くなるのか」

「そのモンモンを抜け出して、どんな状況になればハッピーなのか」

を考えるのです。


嫌なことやモンモンすることがあるのは、その裏に、うれしいことや、ハッピーなことがあるから。

実は、その「うれしい」や「ハッピー」を見つけやすくするのに、「嫌なこと」

や「モンモン」は一役買ってくれているのです。

「未来がこうなるって思うと、心が軽くなる」

嫌なことやモンモンしていることがあると、ついつい意識がそちらに向いてしまいます。そのことばかり考えてしまったり。

なぜそれが嫌なのか、モンモンするのか、自分と向き合って考えたら、後は意識的に「魂ピカ」です!!

自分が喜ぶことを、どんな小さなことでもいいので行なっていきましょう。

五〇ページからの項目で紹介しましたが、ノートに書き出した「こうなったら最高♡」に意識をフォーカスしてみるのもいいですね。

「これが実現すると考えると、なんだかワクワクする」

「未来がこうなるって思うと、心が軽くなる」

こうやって「こうなったら最高♡」の未来をイメージして心地よくなるのも、魂ピカの一つです。私もよく、「最高の未来」を妄想して、ムフフとなっています。
そんなイメージをするところから、未来はどんどん変わっていくのです。

嫌なことやモンモンから抜け出すワーク◆

1 嫌なこと、モンモンすることに光を当てる
(何が嫌なのか、何にモンモンしているのかを書き出す)
2 その気持ちを認める
3 その嫌なこと、モンモンすることが、どう変わったら心が軽くなり、心地よくなり、自分がうれしいのかを考える
4 心地よいほう、心が軽くなるほうに意識を向ける

4 「ずるいな、いいな」も立派なチョイス

誰かの話を聞いたりSNSを見たりして、「ずるいな」「面白くないな」と思ってしまうことって、ありますよね。

でも、その「ずるいな」「面白くないな」にこそ、「いいな〜、私もそうしたいな」という感情が隠れているものです。

もし、自分とはあまりにかけ離れていることだったり、興味のないことだったりしたら「ずるい」とも思わないはず。

「ずるいな、いいな」って思ったら、そう思った対象を「自分の選択肢」としてス

トックしたらいいのです！

たとえば、「こうだといいな♡」という自分の理想を書き出そうと思ったとします。その時、私たちは自分の頭の中にある情報の範囲内でしか、イメージできません。

「自分がワクワクする理想の未来をイメージできません」

というご相談を受けることもよくありますが、それは、自分の中に、「ワクワクする選択肢」のストックがないからなのです。

だとしたら、自分の外に、「いいな、いいな」「ワクワクする！」という選択肢を見つけにいくのです。

これは、ぜひ日常の中でどんどん、やってみてください。

直接会った人から聞いたことはもちろん、テレビや本、インターネットにも、いろいろな情報が常に溢《あふ》れています。

そうした情報の中から、「いいな」「なんだかワクワクする！」、そして「ずるいな」と思ったことを、自分の選択肢としてストックしていきましょう。

あなたの「未来の選択肢」は無限

あなた自身の未来の選択肢は、あなたが思っているより、はるかにたくさん、あります。

「私には、これくらいの選択肢しかない」

と思っている方も多いかもしれませんが、実はそれは「思い込み」なのです。

そう、あなたが「これくらい」と思っているから、「これくらい」なだけ。

人生はすべて、あなたの「思い通り」だから。

でも、本当は、私たちの未来は無限。私たちが願いさえすれば、どんなすごいことだって叶えていくことができるんです。

私も、二十代の頃、モデルの梨花《りんか》さんのスタイルブックをずっと見ていて「いいな」と思ったので、「自分のスタイルブックをつくる」という願いを自分の「未来の選択肢」に加えました。

ビジネスクラスで海外旅行をする人たちのブログを見て、ちょっとだけ「ずるいな」と思っていたので、「私もビジネスクラスで海外へ行く」ということを自分の「未来の選択肢」に加えました。

そして、私の「理想」（こうなったら、いいな♡）としてノートに書き出すようにしたのです。そうしたら、「いいな」「ずるいな」と思っていたことが、自分の現実としてどんどん叶っていったんです。

だから、今日から、**自分の可能性を無限に広げるためのストック探し♡**

外に一歩踏み出したら、あなたのワクワクする未来の候補たちが、待ち構えているのかも。

5

「最高の私」をイメージするワークシート

「理想を叶えた自分」とは、どんな自分でしょうか？

それを細かくイメージし、未来の自分をつくっていくワークをしてみたいと思います。これは、本当に効果があるので、ぜひぜひ、みなさんやってみてください。


まず、ノートでも紙でもいいので、書くものを用意します。

その真ん中に「自分の名前」を書いてください。

そして、「最高の私」とは、どんな存在かということをイメージしていただき、そのイメージしたことを名前の周りに自由にどんどん書いていってほしいのです。

このワークを考案した時、私はまだ本を出版していなかったので、「累計十万部のベストセラー作家」と、まず書きました。その他にも、

「飛行機での移動は、いつもビジネスクラス」
「オリジナルグッズを発売している！」
「彼と都会のマンションに住んでいる」

と、どんどん自由に書いていきました。つまり、「私はこんな存在♡」というのを、先に自分でつくってしまうのです。

そして、このワークで書いたことは、本当にどんどん叶っていきました。

「イメージ写真の切り抜き」を貼ってもOK

最近、このワークをすることを、少し忘れ気味だったのですが、また改めて、新

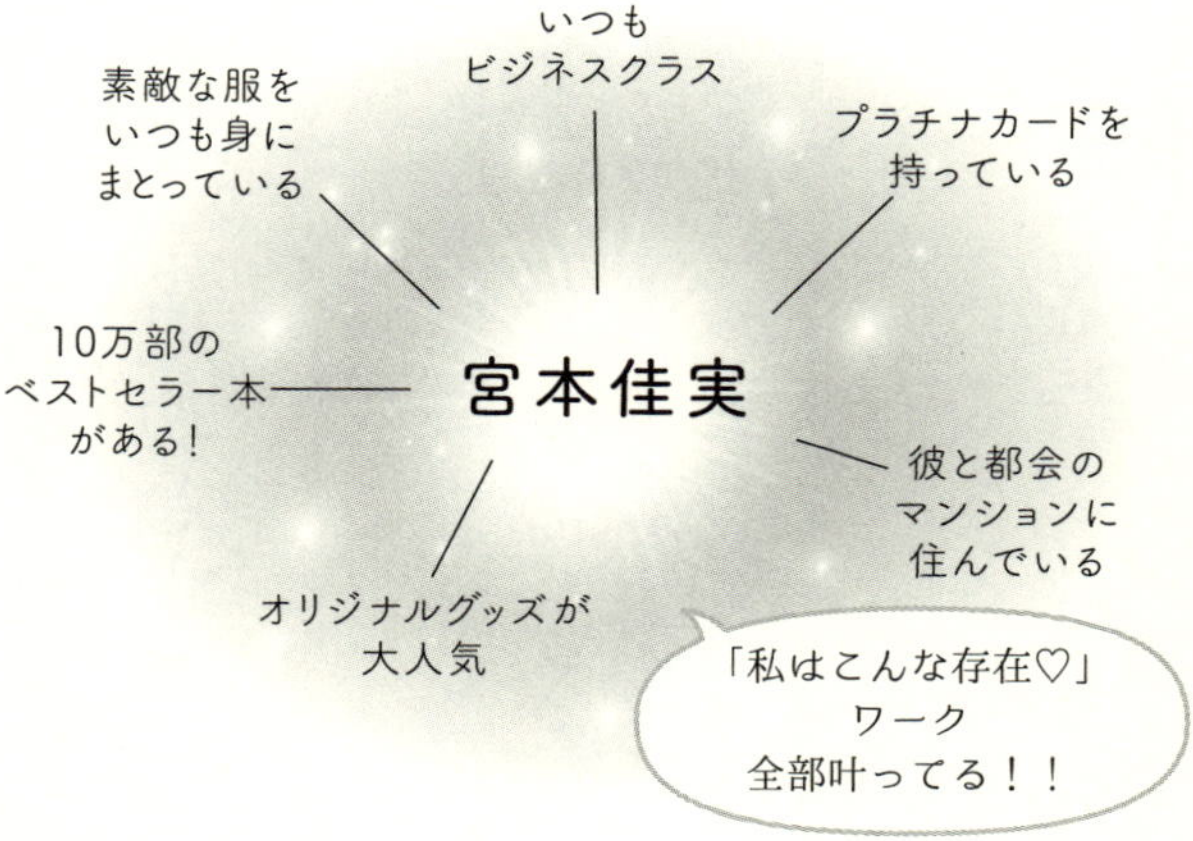

しくこのワークシートをつくり、枕元に飾っています。

ただの白い紙に文字を書き込むだけだともの足りないという方は、周りに、「こうなったら、いいな♡」というイメージ写真の切り抜きなどを貼《は》ってもいいですね。

朝、起きた時に「私はこんな存在♡」というのが、まっ先に目に入る。

それを毎日続けたら、どんどんその存在に近づいていけます。

ぜひぜひ、やってみてください。

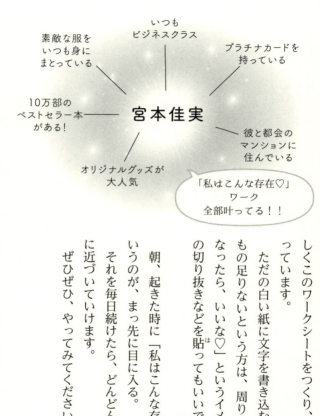

6 「私らしく、心地よく」成功しよう

「成功するには、どうしたらいいですか？」

こんなご質問をよくいただきます。でも、「成功」って、何でしょうか。

私にとっての「成功」とは、私らしく、心地よく、望み通りに生きることです。

そう、「本当の私」で生きること、それこそが、本当の「成功」なのだと思っています。


どれだけ周りに認められていても、お金を持っていても、自分らしくいられない人、いつも不満を言っている人は、「成功している」とは言えません。表面上だけ

の成功で、それが真の成功なのかと思ってしまいます。

「成功」には、「本当の私でいられること」が欠かせません。

だからこそ、「成功」しようとするならば、自分のしたいことをする――それが一番なのです。

みんな、もっとわがままに、欲張りに生きていいんです。

味わいたいのは「これ、好きだな～」という気持ち

そのためには、「自分の本当の望み」を知らなくてはならず、すると、やっぱり「魂ピカ」がとても大事になってきます。

毎日、丁寧に自分を喜ばせてください。

私も、たとえば「今日はお風呂の中で何しようかな？　どんな気分かな？」と自分に問いかけて、その時間を極上のものにしています。

美意識を高く持ってマッサージをする日もあるし、キンドルで漫画を読む日もあります。ユーチューブを見る日もあれば、本を読む日もあります。その日の気分で「極上のリラックスタイム」をクリエイトしています。

「私も、自分を喜ばせるために『魂ピカ』をしようと思いますが、大好きなコーヒーを飲んだり、そんな簡単なことで、いいのでしょうか？」

という声をいただくことがあります。

それでいいんです!!!

宇宙レベルでいえば（宇宙から見たら）、高級リゾートで飲むコーヒーも、家でいつものマグカップで飲むインスタントコーヒーも、特に変わりはありません。飲んでいる地球上の場所が違うだけ。

大事なのは、自分の気持ち。

ホッとするな、心地よいな、心が休まるな、楽しいな、これって好きだな〜……。

そんな気持ちを毎日の中で、よりたくさん味わうことが大事なのです。

「何気ないこと」にも、すごく感動する

成功している人は、それをよく知っているからか、日常を大事にしていて、何気ないことにすごく感動したり、喜んだりしています。

自分の気持ち（＝「思い」）が未来に影響するということも感覚的にわかっているので、日常の中で、より楽しいこと、心地よいことをつくり出しているのです。

何か特別なことじゃないと、喜べない！
すごいことじゃないと、楽しめない！

そんなふうに思っている人ほど、日常に不満がある方が多い気がします。
魂ピカで、少しずつ自分を喜ばせて、もっともっといい気持ちを味わうことで、

今日から素敵な未来をどんどんつくり上げてください。

魂ピカピカの状態◆

◇周りを気にせず、「本当の私」が望むことをイメージできる
◇いろいろなことに執着せず、自分で自分を幸せにできる
◇「本当の私」が喜ぶことがわかっているので、すぐに私を喜ばせることができ、すぐさま幸せになれる
◇いつも心地よく、いい気持ちでいられるので、未来が心地よく素敵なものになる
◇いつもご機嫌でいられる

3章

もっと「欲張り♡」に生きていい

――自分の中で「いいよ」と認めてしまおう

1 誰でも「ゆるく、ふわっと」好きを仕事にできる

私は現在「ワークライフスタイリスト®」という肩書きで活動していますが、この肩書きには、**自分の「理想の生き方」に合わせて、自分の「理想の働き方」をスタイリングする**というメッセージがこめられています。

そして、そんな自分自身の「働き方・生き方」をシェアするという形で、私は新しい働き方・生き方（＝ワークライフスタイル）を提案しています。

先日、ご紹介いただいた保険会社の方にお会いする機会がありました。

その方は私に会う前に、ブログやホームページなどで、ひと通り、私のことを調

べてきてくれていました。そして、その方いわく、

「宮本さんみたいにゆるく働いて、大富豪とまではいかなくても、自分が理想とするライフスタイルを叶える方法って、どうやればいいのか、すごく気になります。できるなら、自分もやってみたい。サラリーマンの人は、みんなそう思っていると思います」

とのこと。

男性の、しっかりとした会社にお勤めの方にそう言われて、なんだかとてもうれしくなりました。そして、その方のクライアントさんの中でも、成功していて素敵だなと思う方たちは、みなさん、いい意味で〝肩の力が抜けている〟そうです。

「自分らしく」で、すべてがうまく回る

たとえば、ある会社の社長さんは、大好きなゴルフもできないくらい、長い間、腰痛に悩まされ、腰に注射をうち続けていたのに、ずっと治らなかったそうです。

でも、田舎《いなか》に大きな土地と家を購入し、友達みんなを呼んでバーベキューを楽しむといったライフスタイルに変えたところ、腰痛が一気に改善し、病院にも行かなくてよくなったというのです。しかも、その社長さんの会社の業績も、さらに好調になったとか。

「自分が自分らしく過ごす」ことは健康にもいいし、もちろん本業にもいい影響を与えるのだな、と思うエピソードでした。

私がお伝えしている、「ゆるく、ふわっと生きる」とは、毎日を自堕落《じだらく》に生きる、ということではありません。

「自分が心地いいくらいにのんびりして、心地いいペースで仕事をして、楽しいことをたくさんして、好きにいっぱい囲まれる♡」

そんなライフスタイルです。

たとえば、一日中家に閉じこもって、ただただ「のんびりし続ける」のって、あんがい難しいし、それが心地よいかと言われたら違いますよね。

私もゴロゴロするのは大好きですが、それを毎日、朝から晩まで続けたら、頭痛がしてくるし、体がだるくなってきます。

そうではなく、自分の「ちょうどいい」を見つけて、心地よい毎日を過ごす。

それが、私がこれまでも著書やブログなどでお伝えしてきた、「好きなことを、好きな時に、好きな場所で、好きなだけ♡」な生活です。

「心地よさ」を追求したら成果も倍増!!

いまのような生活をするようになってから、私は人生が好転しました。

スケジュール帳いっぱいに予定を入れて頑張っていた時も、もちろん、頑張った分の〝それなりの成果〟がありました。

でも、自分の「好き」に正直に生き、心地よさを追求していったら、仕事の成果が何倍にもなったのです。

「好き」や「楽しい」に自分の意識をフォーカスさせると、
「好きだから、もっともっと！」
「楽しいから、もっともっと！」
という気持ちになって、どんどん自分のエネルギーが溢れ出すのです。

これは、サッカー選手が「毎日練習しても苦にならない」、歌手が「毎日歌っていても苦にならない」というのと、同じ原理。
「大好きだから、もっともっとできる！　やりたい！」という状態です。

「サッカー選手や歌手とかって、特別な才能を持っているから、『好きなこと』を仕事にできるんだよね」と私たちは思いがちです。

でも、実は「好きなことを仕事にする」のは「特別なこと」ではなくて、誰でもできる「普通のこと」。

かくいう私も、もともとは高卒の普通のOLで、何のキャリアもなく、ただ大好きだったファッションを仕事にしようと二十八歳で起業したのが、いまの私につながっていく「きっかけ」でした。

起業といっても、会社を設立したわけでも、すごい額のお金をかけてはじめたわけでもありません。

「小学生の頃に通っていた、お友達のお母さんが自宅でやっていたピアノ教室……あんなのをやりたいな♡」

という気持ちで、ゆるく、ふわっとはじめたものでした。

それを、その時々の「好き」に正直に進めていった結果、いまでは自分の一番心地のよいスタイルで、年商億を超える事業をすることができています。

だから、誰もが自分の「好き」や「楽しい」にもっともっと夢中になっていいし、「それを仕事にしていい！」と、私は自信を持って、お伝えすることができます。

2 欲しいのは、お金も愛も、両方♡

先日、顧問税理士さんに、こんなことを言われました。

「よしみさん規模の会社の社長さんは、僕のクライアントでも何人もいますけど、よしみさんほど時間のある人、いません（笑）」

と（ちなみに、よしみさんとは私のことです）。

それを聞いて、私は笑ってしまいましたが、そう、私は「自由な時間」がたくさんあるのです。

忙しくしていることに充実感を感じる方もいるので、時間があることは、必ずしもいいことではないのかもしれません。でも、私は本当にヒマ（笑）。

仕事の予定はだいたい、「週に一つか二つ」。それも、打ち合わせも含めた数なので、セミナーなど、お客様にお会いするのは、「月一～二回」です。

もちろん、それ以外にも、ブログを書いたり、本を書いたり、会社のスタッフとやりとりをしたりすることはあります。ですから、合計して一日二時間くらいはパソコンの前にいたり、日常の中（移動時間など）で、スマホでササッと仕事をこなしたりしています。


こういうスタイルにしたきっかけは、自分の考え方を変えたことでした。

起業当初、私は「起業して、年収一千万円くらいまでいきたい！」と思っていました。でも、年収一千万円を稼ぐ頃には、ものすごく忙しくて、休む暇がないくらいになっているだろうと予想しました。

「忙しい＝人気者」という図式も自分の頭の中でできでき上がっていたので、休む暇もないくらい忙しいのも、一見いいことに思えたのですが、

「うん？　待てよ⁇　そんなに忙しくて、自分のプライベートの時間が取れない生

活って、本当に私が欲している生活なのかな？」
と思い直したんです。

わがままも、自分の中で「いいよ」と認める

そこで、私は「自分の理想の生活」をノートに書き出してみました。

①「いますぐに叶えられそうな理想の生活」
②「数年後に叶えたい、『本当の理想の生活』」

まず①について。当時は、パーソナルスタイリングをご依頼いただくお客様が増えることが、私の当面の目標でした。なので「お客様にお会いする予定がたくさん入っている生活」と書きました。それについては、

「うん、これは本当にそうしたい」（←その時の私の気持ち）

と、「いますぐに叶えられそうな理想の生活」としては納得ができました。

でも、②を考えてみると、①で書いた理想の生活のそれとは、ちょっと違うかなと思いました。私はその時、離婚したばかりで、パートナーがおらず一人暮らしでした。そんな私が欲しい「本当の理想の生活」は、

「数年後には理想のパートナーができて、彼との時間を楽しみたいし、一人の時間も楽しみたいし、その上で仕事をいいペースでしたい」

でした。つまり、

「パートナーとの時間、仕事の時間、一人の時間（もちろん友人や仲間との時間も！）のバランスをうまくとりながら、年収一千万円を叶えたい!!!!」

それが私の本心でした。

そして、「このまま、ただただ忙しい生活を送っていくのではダメだ！」と思い、

それから、「働き方・生き方」に対する考え方をどんどん変えていくことになります。

たとえば「お金持ちと結婚したい」といっても、お金持ちなら誰でもいいわけではないですよね。

「お金持ちと結婚したい」のではなくて、「大好きなお金持ちの人と結婚したい」が本心のはず。

そう、私たちは、わがままなのです。

そのわがままも、自分の中で「いいよ♡」と認めれば、ちゃんと叶っていくのです。

でも、私たちは真面目なので、

「そんな両方を手に入れるなんてムリ！　愛かお金か、どっちかじゃないと」

とか思ってしまう。

そうやって我慢してきたから、お金持ちの人と結婚した女性を見ると、「どうせ、お金でしょ」なんて声が漏《も》れてきちゃうのです。

いや、違う。

「お金も愛も、両方♡」
「大好きな仕事も、素敵な恋愛も、両方♡」
「自分の心地よいペースも、豊かさも両方♡」

なのです。

3 すべては、あなたの思い通り

ここで、肩の力を抜きながら「理想」を叶えていく方法をみなさんにお伝えします。

それは、私が、ずっと一貫してお伝えしている、

「すべては、あなたの思い通り」

という言葉で表現できます。

よく、「思考は現実化する」と言いますが、本当に、あなたの人生は「自分が思

った通り」になります。
あなたが「こうなる」と思い、「そうする」と決めれば、本当にその通りになっていくのです。

でも、ここで注意が必要です。
よくも悪くも、人生は自分の「思った通り」になるからです。
たとえば……

「五キロ痩せたい」↑（理想）
「だけど、ムリだよね」↑（思い）
「年収一千万円になりたい！」↑（理想）
「そんなの、私にはムリだよね」↑（思い）

この場合、「思い」のほうが、現実となるのです。

「こうなりたいな～」と、どれだけ理想を描いても、「私にはムリだよね」と思っていたら、それが叶うことはないのです。

だから、自分がどれだけ、「こうなる♡」と思うことができるか。理想が叶うかどうかは、そこにかかっています。

「自分の未来」を思い描くのに遠慮はいらない

このように書くと、なんだか難しそうに感じますが、まずは「理想を思い描くこと」からはじめましょう。これは、誰にも遠慮することはありません。

「こうなったら最高♡」という未来を思う存分、思い描いてください。自分では気づいていないと思いますが、あなたは「自分の叶えられる未来」がわかっています。

「**あなたが想像できること**」を、**あなたは叶えることができるのです。**

叶えられないことは、想像すらしません。

たとえば、いま、この本を読んでいて「大リーガーになる！」と、理想を掲げる人は、ほとんどいらっしゃらないと思います。

そう、自分が叶えられないことは、想像すらしないもの。「本当の私」はちゃんと、私自身が実現できることをわかっているのです。

遠慮しないで、思いきり素敵な「未来」を思い描いて、「こうなる♡　ワクワク」と思ったことは、あなたに叶えられる力があるのです。まずは、自分の「こうなったら、いいな♡」を自由にノートに書いてみましょう。

そう、いくつでも。思いつくままに。

そして、その後は「魂ピカ」です!!　魂ピカをして自分を喜ばせ、心地よくさせることで、その喜びや心地よさがあなたの「思い」となり、心地よくて喜ばしい未来がどんどんでき上がっていくのです。

4 「思わぬところ」から理想はスルッと叶う

ノートに理想を書き出してみたら、次は「それをどうやったら実現できるか」を考えてみます。

この「どうやったら実現できるのかを考える力」のことを、私は**「できる」に変える変換力**と呼んでいます。

「これをやろう」と思っていても、「どうせムリだよね」という気持ちが勝ってしまい、その「ムリだよね」がそのまま現実になってしまう……。こういうことも、よくあるかと思います。

だからこそ、「できる」に変える変換力を発揮して、どうやったら理想（こうなったら、いいな♡）を実現できるか、「いまの自分にできること」のアイデア出しをしていくのです。たとえば「理想の家に住みたい」という思いがあったとしたら、

◆物件や住みたい地域のことを調べる
◆不動産会社に行って、家賃や価格はどれくらいなのか、など詳細を聞いてみる、内覧《ないらん》をしてみる
◆家の片づけをして、理想のインテリアに少しでも近づけてみる
◆ＳＮＳで、自分の理想に近い家に住んでいる人の投稿を見てイメージする

など、「自分にできること」をどんどん考えていきます。

そして、ワクワクすることから、**「軽く投げる♡」**の気持ちで、どんどん気軽に行動に移してみましょう。

どんな小さなことでも、実際に行動に移してみることで、新たな展開が行動した先に出てきたりします。すると、思わぬところから理想がスルッと叶った!! とい

うことも本当によくあるのです。

私が「新月のお願いごと」に五年間、書き続けたこと

そして、ここでお伝えしておきたいのが、アイデアとして出した「いまの自分にできること」の中で、「ワクワクしない行動」は、やらなくて大丈夫、ということです。

そう、前にもお話しした通り「私が喜ぶほう」がすべての基準。

ですので、ワクワクしない、自分が喜ばないことは、やらず、「魂が喜ぶ、楽しくてワクワクすること」を、どんどんやっていきましょう。

（でも、食わず嫌いということもあるので、私ははじめの頃、思いついたことは、とりあえず全部やってみて、自分の「ワクワク」の気持ちを確かめながら、合う合わないを判断していきました）

また、理想が「いまの自分」とはかけ離れすぎていて、どうしてもどんな行動をとればよいのか、わからないということもあると思います。

以前の私も「大型セミナーをやる」「本を出す」をいつも理想として書いていましたが、どうやったら叶うのかが全くわかりませんでした。だから、五三ページで紹介した**新月のお願いごと**に五年間も毎月、書き続けることになりました。

そういった、「ビッグなお願いごと」で、自分の頭をどうひねっても行動のアイデアが出てこないという時は、ムリに出す必要はありません。

何をすればいいのか、どうすればいいのか、全く思いつかない時こそ「魂ピカ」です。目の前のことを楽しんで、自分を喜ばせていると、どんどん自分の人生が穏《おだ》やかで心地よいものになります。すると、「理想がなかなか叶わない!!」という焦りが少なくなり、「安心」します。

そして、安心して毎日を過ごしていると、なぜか**抜群のタイミングで、ビッグな理想に続く扉がドドドン!!　と現われる**のです。

心がしっくりくる「抜群のタイミング」まで待つ！

行動のアイデアが浮かばない、浮かんでもワクワクしないという時は、「いまは、その理想が叶うタイミングじゃない」ということです。

私の「本の出版」に関しても、叶わなかった五年ほどの間、なんとかして自費出版するとか、そういう方法もありました。

実際、企画書を送ってみたところ、「自費出版なら」と言ってくださる出版社さんもありました。でも、ワクワクしなかった。喉《のど》から手が出るほど、出版するというチャンスが欲しかったけれど、ワクワクしなかったから、見送ったのです。

そして、ジタバタするのをやめ、目の前のことを楽しみ、自分を喜ばせることに集中していたら、抜群のタイミングで出版の話がまとまり、本も多くの方に読んでもらえることになりました。

きっと、あのタイミングより前に、自分でムリやり、なんとかして出版していたら、こんなにたくさんの本を出し続けることはできなかっただろうと思います。

このように、**抜群のタイミングまで「待つ」**というのは、とっても大事なことなのです。自分の「心地よさ」や「ワクワクする気持ち」が、そのタイミングが来たサインですよ。

5 自分にむちを打って頑張りすぎなくてもいい

自己啓発書やビジネス書の中には、時間術について書いた本がよくありますよね。バーチカル式の手帳（一日の予定が縦《たて》軸になっている形式のものです）にびしーっと「今日やること」を書いて、それをこなしていくことで、効率よく時間が使える！　というような。

そういう手帳特集や時間術の特集を見るたびに、私も「なんかすごく素敵！　やってみよ♡」と思うのですが、実行に移せたことがありません。

意気揚々《いきようよう》とバーチカル式の手帳にびっしりと計画を立ててみても、その通りに自分が動けたことが、一度としてないのです（笑）。

そうでした、私は夏休みの宿題を最後の最後にまとめてやるような性格でした。

自分で立てた一時間ごとの計画を、毎日、律儀にこなせるはずがありません。


もちろん、そういうやり方で、仕事の効率が上がる方、モチベーションがアップする方もたくさんいらっしゃるので、ものすごく有効な方法なのだとは思います。

でも、私のような人だと、「あー、今日も予定通りにこなせなかった……」と、かえってテンションが下がってしまいます。それでは本末転倒ですよね。

大事なのは、自分のテンションやモチベーションを保っていられること。そのためにも、自分にしっくりくるやり方を見つけることです。

「これだけ手帳が白くても、ある程度成功できますよ」

先日、いろいろな方の手帳術を集めたムック本製作のために、私の手帳の使い方についても話を聞かせてほしいというご依頼がありました。私は取材を受け、実際の手帳の中身も写真におさめていただきました。

そして、インタビューから数カ月後に手元に届いたムック本をオフィスでスタッフと見たのですが、他の方との「手帳の書き込みの密度」の差に笑ってしまいました。

みなさん、手帳にぎっしりと、ものすごく見やすく、毎日の予定を時間きざみで書いていらっしゃるのです。

でも、私の手帳はマンスリーのみ。しかも、一週間に一つか二つしか予定がなく、それも「美容院」「ちえちゃんとランチ」くらいのものなのです（実際にそうなので、仕方ないのですが）。

「他の人と、これだけ違うとは……ちょっと恥ずかしすぎるぞ」と、内心焦ったのですが、**「これだけ手帳が白くても、ある程度成功できますよ」**という〝いい例〟になるから、逆にいいのかもしれない、と思うことにしました。

成功している誰かのように、うまくいっているあの人のように、

「自分も怒濤《どとう》のスケジュールをこなさなければ！」

「忙しいことは、いいことだから！」

と、自分にむち打って、頑張らなくても大丈夫。

自分の心地よいペースで、心地よいバランスで、仕事もプライベートも楽しんだらいいのです。

マイペースじゃなきゃ、長くは続かない。ダイエット法でもそうですが、ムリをして、一時、成果を出せても、リバウンドしてしまったら意味がない。

だって、人生はその先も続いていくのだから。

自分の「ちょうどいい」を見極めながら、長く続けていくこと。たくさんの人のヒントを集めて試しながら、「私のスタイル」をつくっていきましょう。

6

「気づいたら、成功している」人たち

よく聞かれる質問に、

「よしみさんは、ダラダラが好きと言っているのに、なんでうまくいっているのですか」

というものがあります。

その答えは、**「ダラダラ」**と**「集中」**をしっかり使い分けているからだと思います。

私にとって、「自由にできる何もしない時間」は、エネルギー補充の時間です。

逆にエネルギーを出す時は、「やる時はやる！」という感じで、エネルギーをギュギュッと凝縮させ、集中して出しています。

このエネルギーを凝縮・集中させる感じは、漫画『ドラゴンボール』の〝かめはめ波《は》〟に似ているなと思っています。

〝かめはめ波〟はエネルギー波だと、登場人物のキャラクターが言っていましたが、まさにあんな感じ。

自分のエネルギーを集中させて、「ここぞ」という時にドバーッと出すのです。

そして、

「ここでは大きなエネルギーを出そう」

「ここではエネルギーを何回にも分けて、小出しにしよう」

とエネルギーのコントロールや調整を上手にできるようになると、それに伴って結果も出るようになるのです。

ではどうすれば、エネルギーを集中させることができるのでしょうか。

それには、好きなこと、楽しいことをするのが大事だと私は考えます。「好きなこと」だと、努力しなくても、勝手にたくさんのエネルギーが溢れてくるからです。

「夢中」だから、努力が努力ではなくなる

先日、誰でも名前を知っている世界的なセレブやアーティストにたくさんのインタビューを行なってきたライターの方とお会いしました。

その方いわく、セレブたちに成功の秘訣《ひけつ》を聞くと、みんな口を揃《そろ》えて、「好きなことをしていたら、気づいたらこうなっていた」

と言うそうです。

そして、

「これまでずっと、セレブたちは謙遜《けんそん》してそう言っているんだろうなって思っていたけれど、よしみさんの話を聞いていたら、本当に『好きなこと』をしていたら、

あんなにすごいことになってしまうのかもと、いま思いました」と話されていました。

私は、きっとセレブたちが言っていたことは真実なのだと思います。

本当に「知らない間にこうなっていた」のだと。

もちろん、好きなことを夢中でやっているので、周りの人は「すごい努力をしているな」「マネできないな」と思ったかもしれません。

でも、当人は「やりたいから、やっている」のです。

夢中だから、努力が努力ではなくなるのです。

自分の仕事に「いーじゃん、いーじゃん」と酔える幸せ

私は、こうやって文章を書くこと、ビジネスのことを考えるのが本当に大好きです。

そして、私のチームのスタッフたちも、自分のしている仕事が大好きです。事務や経理の仕事、会社の管理業務をサクサクこなせるスタッフ、動画の編集にすごいセンスを発揮するクリエイター、一人ひとりの生徒さんにじっくり向き合いたい講師たち……もうみんな、それぞれが自分の好きなことをやっています。

だから、みんな夢中で仕事に打ち込んでいますし、楽しそうですし、何より自分の仕事に酔っています（笑）。

私も自分の書く文章が大好きで、原稿やゲラのチェックをしている時、感動して泣いたりします（ナイショ　笑）。

また先日、いつもは管理の仕事をしているスタッフに、私の講演会の統括《とうかつ》を任せたのですが、「数百人規模の講演会の統括をしました」と、彼女のＳＮＳに、その様子とやりがいとが書いてありました。

動画を編集しているクリエイターさんは、自分が編集した動画を何度も見て「いーじゃん、いーじゃん」と思っているそうです。

そうやって、自分のやっていることに「いーじゃん、いーじゃん」と酔っているので、どれだけやっても飽きません。

だから、周りから見たら「すごい……絶対にマネできない」と思われたとしても、自分は楽々（じゃない時もあるけど）、楽しく、やりがいを持って、

「人から頼まれなくても、やりたいからやる！」

と取り組むことができるのです。

7 我慢は「やりたいこと」のためにする

私はこれまでの本でも何度も、

「やりたくないことは、やらなくていい」

「我慢せず、自分のやりたくないことは、人にお任せするなどして、手放す！　そして、自分を心地よい状態にすることを意識しよう」

とお伝えしてきました。

このお話をしていると、たとえば、

「これからやりたいと思っていることがあって、そのために資格を取るのですが、勉強したくない科目があります。でも、その科目を勉強しないと、資格が取れません。そういう場合は、どうしたらいいのでしょうか？」

というご質問がきたりします。

私からの答えは「その資格を取りたいなら、やるしかありません」です（笑）。

「少しの我慢も、へっちゃら」な時とは

ちなみに、私は「我慢しなくていい、やりたくないことはしなくていい」と言っています。そして、それと同時に、やりたくないことをやらない場合、その「やらないを選択した責任」も一緒に取ることになりますよ、ともお伝えしています。

これは、たとえば「掃除をしたくない」と思って、「掃除はやりたくないから、やらない！」と決めたのであれば、「ちらかった部屋で過ごす」という覚悟が必要になるということです。

私であれば、掃除をやらないと決めた時に、「自分が掃除をやらないでいいようにするには、どうしたらいいかな?」と考えます。たとえば、旦那さんにやってもらうとか、家事代行サービスを頼むとか。

そうなると、旦那さんに交渉する覚悟や、プロに頼むためにお金を使う覚悟が必要です。

話が前に戻りますが、欲しい資格があるけれど、やりたくない勉強があるというような「これをやりたいけれど、それには『やりたくないこと』がセットでついてくる」という状況におちいった時、思い出してほしいのは、「我慢は、やりたいことのためにする」という言葉です。

「やりたくないけど、嫌々やる」というスタンスではなく、

「やりたいことのためだったら、少しの我慢もへっちゃらだし、苦労だってしちゃうぞ♡」

という気持ちで取り組むのがオススメです。

8 迷ったら、「自分の基準」に立ち戻る

私は東京在住ではなく、生まれ育った名古屋にずっと住んでいます。

もちろん東京のほうが出版社さんもたくさんあり、自分の会社のスタッフもほとんどが東京在住です。だから、東京にいる時のほうが打ち合わせなどもスムーズにいき、ビジネスが円滑に回っている感じがします。

数年前に一度、東京にマンションを借りたことがありました。やっぱり「東京に住む」ということに憧《あこが》れていたからです。

その頃も、月に五日くらいは東京に来ていたので、マンションがあったら、もう

少し長く滞在できるし、何より「おしゃれな『東京ライフ』を楽しみたい！」と思ったのです。でも、甘かった……（笑）。

その時は、東京にそんなに友達もいなかったし、地理もわからなかったので、なんだか不便なところにマンションを借りてしまったのです。

私のイメージしていた東京ライフは、近くにおしゃれなカフェがあって、ショッピングするところがあって、「生活すべてがインスタ映え！」のような感じでした。でも、私の東京ライフは、理想とかけ離れすぎていました。

そんな東京ライフに愕然《がくぜん》とした私は、だんだんと、そのマンションに足が向かなくなり、結局、十カ月足らずで解約することになりました。

東京ステイは「素敵な雰囲気のホテル」で

それ以降は、ホテルステイでの東京ライフを続けています。だいたい、一カ月の中で、五泊分くらいを二回に分けて東京にいる形です。

たまに新しいホテルに泊まってみることもありますが、素敵な雰囲気を味わえるお気に入りのホテルが数カ所あります。

お気に入りのホテルでは、いつも温かいおもてなしをしていただけるので、自分の気分も上がり、訪れるたびに「やっぱり、いいな」と思わせてくれます。


東京滞在は短いため、仕事の予定がびっしりと詰まります。一日の間に取材と打ち合わせがギューギュー詰めだったり、大型のセミナーが入ったり。

名古屋にいる時の何倍もエネルギーを使うので、ホテルに帰ってからは、その後、何もできない……となることもたくさんあります。

そんな時、ルームサービスで食事を済ませられるのも本当に便利だし、お掃除は完璧、タオルはふかふか……もう、言うことなしですよね。

(東京に部屋を借りていた時は、東京の部屋に戻ってまずやることといえば、前回の最後に干しておいたタオルとシーツを取り込んで、たたんで、ベッドメイキング……でしたから、本当に大変でした＞＜)

「運命の物件」を見つけてしまった⁉

でも、ある時また、「東京に部屋があったほうが便利だな、東京ライフ、やっぱりいいな」と思うようになったのです。

そんなふうに思った時は、とりあえず物件サイトを見るのがお決まりなのですが、運命の物件を見つけてしまった……。数年前とは違い、いまは、土地勘も少しついてきたのですが、そのマンションは、私が大好きな場所に建っています。

「ここだったら、私が理想とする東京ライフが絶対に送れる！」

と胸が高鳴りました。それに、いまでは五泊の滞在では足りないくらい、東京には会いたい人がいっぱい。

そしてそして、今回の運命を感じた物件。私は誕生日が七月二十二日で、「722」や「227」がラッキーナンバーと自分で決めているのですが、そのマンションの部屋番号が「2207」。
「ああ、私のための部屋だ」と思いました。

問い合わせてみると、まだでき上がっていないマンションで、とりあえず賃貸契約のための審査が通ったら、マンションができ上がったところで内覧して、実際に入居するかどうか決められるとのこと。取り急ぎ審査を受けて、内覧日を待ちました。

すると、内覧するまでの一カ月間くらい、私の仕事がものすごく忙しくなったのです。この時期、新刊の原稿を書くことになっていたのに加え、立ち上がっていたプロジェクトがいくつか動きはじめたため、私の頭はカオス状態（あいかわらず、スケジュール的に忙しいわけではないのですが、頭の中が混乱している状態）。

そういう状態で数日過ごした時、「もしかして東京に住んだら、もっと忙しくなる？」と思えてきたんです。

私が東京にマンションを借りたいと思った理由は、

◆東京に部屋があることで、滞在期間を延ばせる
◆毎回ホテルを予約する手間が省《はぶ》ける
◆東京オフィスとして兼用できる
◆出版社の編集者さんと頻繁に打ち合わせができる
◆東京にいるスタッフとの打ち合わせの回数を増やせる

というものです。

要は、東京に家があったほうが、仕事がもっと回るような気がしたんです。もっと大きな仕事が舞い込んできたり、もっと業績や売上が伸びたり……。

だから私は「やっぱり東京に住みたい！」と思ったのです。

私の「理想のワークライフスタイル」は？

ですが、忙しくてカオスの中にいる時ほど、私は自分の理想のワークライフスタ

イルに立ち帰ります。

「私はどんな働き方・生き方がしたかったんだっけ？」と。

そう考えると、もっと余裕があって、海外にももっと自由に行けて……ということが頭に浮かんできました。

そこで、もちろん仕事がもっと大きくなること、売上が伸びることはうれしいけれど、自分が忙しくなるようじゃ、プライベートの時間が侵される状態になるようじゃ、私の理想とは違うのではないかと思い直したのです。

そして、その時に気づいたのは、頭がカオスの状態、オンオフで言えば、ずっとオンの状態の時は、本の執筆活動ができないこと。

会社の業務の処理やスタッフとのやりとり、毎日のSNSの更新などは、オンの状態でサクサクこなせるのですが、本の執筆となると、極限までリラックスした中で、ゆっくりと書き進めるという感じなのです。

そう、頭がオフになっていないと、私はクリエイティブな発想ができないのだと気がつきました。

「このまま東京に家を借りたら、本当に本を書く余裕がなくなってしまうかもしれない……」

私は本を書くことがこの上なく好きなので、いろいろな仕事の中でも、これはかなり優先順位が高いのです。

だからこそ、この仕事を自分のやりやすい環境でできることが大切だと判断し、今回の東京ライフはあきらめることにしました。

「東京にいると、素敵でかっこいい」

「もっと大きな仕事ができそう」

と考えて、ついついそちらに進みたくなりますが、多くの人にとっては住み心地がよい街でも、自分にとってそうだとは限らないなぁと思います。

いまの私には名古屋という住み慣れた街に住み、月に数日、東京ライフを味わうくらいがちょうどいいようです。これからどうなるかは、わからないので、「いまのところ」ではありますが。

このことからわかったのは、**やっぱり「自分の基準」がとっても大事ということ。**自分はどんなふうに生活して、どんなふうに働きたいのか。ついつい他の人を見ては「あっちも素敵、あんなスタイルもいいな」なんて思ったりしますが、それらはすべて、「自分の基準」をつくる、あるいは基準に立ち帰るためのヒント。

「そういうスタイルもあるのだ」という選択肢の一つとして知っておいて、「自分の基準」は、自分の心の声をきちんと聞いてつくっていくことがとても大切なのだな、と感じる今日この頃です。

4章

私の「ちょうどいい♡」の見つけ方

――「自分が心地よくいられること」を最優先！

1

「自分の人生に本気出す♡」

私は、人生とは自分の「ちょうどいい探し」だと思っています。

先ほど書いた自分の住む場所についても、「東京に住むって憧れ!」ではありますが、いざ実際に住んでみたり、住むことをリアルに考えていったりすると、私の「ちょうどいい」とは違いました。

名古屋に住んで、月に数日、必要な時に東京へ行って仕事をギュギュッとこなす——これが「いまの自分にちょうどいいスタイル」だなと思います。

自分の「心地よいリズム」が大事

私はついつい、考えすぎてしまうし、ほっておくとすぐに頭の中が忙しくなってしまいます。でも、頭がゆるまっている時のほうが、いいアイデアが出るし、いろいろなことがうまくいくので、本当はゆるんでいたいのです。

だから、自分がちゃんとゆるめるように、住む場所や旅行に出かけるペースなど、自分にとっての「ちょうどいい」を日々、確かめながら過ごしています。

私は名古屋にいる時は、ほとんど自宅にいます。友達とランチをしたり、週一でオフィスに行ったりはしますが、基本は家の中です。一日中家にいることなんて、ザラです。それが心地よいし、私には必須な時間です。

でも、私の友人のMさんは、「一日中家にいるなんて、考えられない！」と言っていました。予定がなくても、どこかに出かけるし、そもそも予定がたくさん詰まっているとのこと。そのほうが彼女は楽しいし、心地よいのだそうです。

でも、彼女がすごく頑張って、あくせくしているかというと、そうではなく、とても楽しそうに仕事をしていますし（仕事も、本当に彼女が心から好きなこと）、美味しいものを食べたり、少し遠出して遊んだりと、自分の毎日を思う存分楽しんでいるのがわかります。

「どうやったら、できるかな」と考えてみる

最初は自分の「ちょうどいい」って、なかなかわからないかもしれません。

私も、自分はどちらかといえば田舎より都会が好きだし、東京に住むことが自分には絶対しっくりくるだろうと思っていました。でも、違った……。

実際に住んでみる前は、「東京に住めたら！」と思い焦がれたこともありましたが、私には合いませんでした。

これは、遠くから見ていた時は「とってもタイプ！」と思っていた人と実際につ

きあってみたら、全然自分と合わなかったというのと似ているなと思います。

そして、自分の「ちょうどいい」を見つけるには、

「まずは自分のやりたいことを、できるところから、どんどんやってみる」

というのがオススメです。

どんどんやってみて、エネルギーをたくさん出した後に、自分の「ちょうどいい」に調整していくのです。エネルギーを出す前の状態で「ちょうどいい」を見つけようとしても、そもそも自分がどれくらいを「適度」だと感じるかがわからない。

だから、一度これをやってみてから、「私は、これくらいが心地よいな」というところに微調整していくのです。

そして、このエネルギーをどんどん出して、自分の「ちょうどいい」を見つけていくことを、私は、

「自分の人生に本気出す♡」

と言っています。

「自分の人生に本気出す♡」と決めて、とりあえず、やりたいことを書き出し、やれることから実行に移していきます。そして、いま、やれなさそうなことは、どうやったらできるのかを考えてみます。

たとえば、「好きを仕事にしたい」と思っても、自分にできることがわからないとか、生活がかかっているからそんなのムリ！　という壁にぶちあたった時、普通なら「あきらめよう」となります。

でも、そこであきらめずに「どうやったらやれるのか」を考えます。

これが「自分の人生に本気出す♡」のやり方です。

では、具体的にどうするかというと、

✹SNSのアカウントを立ち上げてとりあえず発信してみる

- 好きなことを仕事にしている人の開催しているセミナーなどに行き、実際にエネルギーを浴びたり、やり方を具体的に聞いたりする
- 好きなことを仕事にしている人のSNSや本で、その人の進んできた道を調べ、自分にできることを探してみる

といった感じです。

そうやって、何かをはじめたり、調べたりして、「やってみたい！　やる♡」という気分になり、少しずつ行動に起こし、それを続けていったら、いま、私の周りには、

「副業からはじめて、本業を超えるほどの収入が入るように！」

「趣味でつくっていたアクセサリーをフリマサイトに出し、人気作家に！」

「毎日好きな時間に仕事をして月商百万円を超えるように！」

という人たちでいっぱいです。

そして、自分自身もそれを叶えられていました。

「どうせ、ムリだよね」の言葉は封印

そう、「自分の人生に本気出す♡」とは、「自分のエネルギーを出す」ということ。

考える、行動する、ワクワクする!!

これだけで、自分のエネルギーがどんどん動き、循環しはじめるのです。自分のエネルギーが「循環する」ことで、自分をとりまいているエネルギーも動きだすことになるので、いろいろな出来事がどんどん起こっていきます。

これまで、「こうしたいけど、ムリだよね」と、「完全省エネモード」で暮らしてきた方は特に、この「自分の人生に本気出す♡」をすると、自分のエネルギーがぐるぐると循環しはじめて、すごいミラクルが起こったり、願いがスルッと叶ったり

するようになるのです。

私もこの「自分の人生に本気出す♡」でどんどん、いいことが起こりましたし、私の周りの人たちも、すごいミラクルをたくさん叶えています。

「どうせ、ムリだよね」という言葉は、封印♡

私が私を幸せにしよう。

2 「思い」の矯正で心をリセット

「すべては、あなたの思い通り」というお話は、3章でしましたが、これは「いま」思ったことが、「未来」の現実をつくるということです。

たとえば「いま」の状況を見て「やっぱりムリじゃん！」と思ったら、「やっぱりムリじゃん」の未来ができ上がる。

ということは、「いま」の「思い」を変えていくしかないのです。

そう、「思い」の矯正《きようせい》をするのです。

「思い」というものには、何十年間の中でつくられてきた「クセ」があります。だから、一日、二日で、変わるものではありません。でも、変えていこうと意識することはできます。

「できる、できる！」の思考をスタンダードに

私がオススメなのは、

「やっぱりムリじゃん！」

と、思ってしまったとしても、

「ちがった、ちがった！　できる、できる！」

と、「思い」を書き換えること。これを繰り返しやっていると、それがクセになってきて、「できる、できる！」の思考がスタンダードになっていきます。


そして、同時に「魂ピカ」もやると、いつも「心地よい」「楽しい」「うれしい」

という感情を味わうことができるので、これも「思い」となり、心地よくて楽しくてうれしくて、究極に「優しい未来」がつくり出されることになります。

この「思い」の矯正と、「魂ピカ」をマスターすれば、あなたは、もう思い通りの「好きなことを、好きなだけ♡」の優しい世界に身を置くことができるのです。

「思い」の矯正も「魂ピカ」も、毎日コツコツやることが大切。

いまの現状を嘆いてばかりいると、その「嘆き」の思いによってつくられた未来ができ上がります。

「思い」が先で、「現実」は思いによって、後からつくられていく。

だから、まずは「思い」を変えていこう。

お金も何もかからないので、騙《だま》されたと思って、ぜひやってみてください！

3 「自分の世界」は自分が守る

2章で、「いいな」と思ったことは、自分の世界の情報としてストックするといいとお話ししました。

反対に、「**嫌だな**」**と思うことは、「自分の世界には入れない」**ということも、とても大切です。

このことに気づいたのは、私が一冊目の本を出した時でした。一冊目の本は『可愛いままで年収1000万円』（WAVE出版）という、少し奇抜《きばつ》なタイトルだったため、最初、アマゾンレビューで低評価が目立ちました。

それを見た時に、私はすごく落ち込んだんです。

「あー、本を出すって、やっぱりすごく怖いことだ」

そんなふうにも思いました。


でも、アマゾンレビューを見て、数日がたち、友人やパートナーたちと話していた時、ふと思ったんです。「ものすごく幸せだな～」って（その時、レビューのことは忘れていました）。

そしてさらに、本やブログを読んでくださるみなさんや、たくさんの素敵な感想をくださるみなさんを思い出して、一気に感謝の気持ちが溢れ、幸せな気持ちになった時に、またアマゾンレビューのことを思い出しました。

その時、気づいたんです。

「あー、誰かに何かを言われていたとしても、私の日常の世界には何も影響がないのだ」と。

その時から、私は自分の世界に入れる情報と、入れない情報をすごく意識するようにしています。

「嫌なこと」を自分の世界に入れなくてもいい

もちろん、厳しい意見をすべて無視するということではありません。目にしたもののうち、「取り入れさせてもらおう」ということだけを自分の世界に入れるということです。

たとえば、すごい悪意のある批判などを、わざわざ自分の世界に持ってきて、味わいつくす必要はないのです。

自分の世界に入れたくないものは、意識的に線を引いて、極力見ない。そういったことを心がけて、自分の世界を守っています。

これは、職場の人間関係などで悩まれている方にもオススメです。もちろん、直接会っていたりすると、影響を受けやすいとは思います。でも、自分が「嫌だな」と思ったら、意識的に、自分の世界からシャットアウトするのです（相手を無視するとかではなく、意識的な壁をつくるイメージ）。

自分の世界に、その苦手な人をわざわざ入れて悩んでいるから、いつまでもその人のことが気になるのです。自分の世界に入れず、考えないようにするだけでも、気持ちが違ってきます。思考はパワフルなので、自分、もしくは相手が異動になったり、苦手な人が退職したりと、不思議なことが起こるかもしれません。

自分の世界は、「自分の心地よいもの」でいっぱいにする。
私の世界は、私が守る。

私は日々、そんなふうに生きています。

4 それは自分にとって「本当にやりたいこと」？

「痩せたいと思っているのに、食べてしまう」
「資格を取りたいと思っているのに、勉強できない」
と悩んでいる方から、「私は、本気で痩せたいとか、資格を取りたいとか思っていないのでしょうか？」というご質問をいただきます。

そのお気持ち、すごくわかります。

私も、長らく、英語をしゃべれるようになりたいと思っているのに、全然、勉強できていません。数年間、なんとなく、英会話スクールに籍を置いている上、「三カ月でペラペラ！」といった教材を懲《こ》りもせずいくつも買ったり、その類《たぐい》の英会話本を数え切れないほど購入したりしています。

それを一つでも、毎日続けていれば、少しは上達するのに、三日坊主ならぬ、一日坊主の私は、全く続けられず、いまに至っています。

「自分にとって優先順位の高いこと」は頑張れる

これも、ご質問者の方と同じく、「こうしたい」と思っているのに、「行動を起こせない」という状態。

私も、本当に心から「英語をしゃべりたい」と思ってはいるのです。でも、毎日、勉強するとなると……できない。

これは、私も長らく不思議に思っていましたが、その原因がわかりました。

私にとって「英語を話す」ということより、「毎日勉強したくない」ということのほうが、プライオリティ（優先順位）が高いのです。

他のことで、ワクワクして、すぐに行動に移せることも、たくさんあります。でも、「毎日コツコツ勉強」となるとできない（コツコツ、ブログは書けるのに……不思議ですよね）。

私は、コツコツ勉強するほど、英語を習得したいとは思っていないということです。

そう、**「本気度」**がどれくらいなのか、なのですね。

私に、外国人の彼ができたとしたら、きっと毎日コツコツ勉強しはじめることでしょう。

でも、いまは「本当の本当に叶えたい！」というほどではなく、「そうなっていたら、いいな～」くらいの淡い思いなので（もちろん、それも「思い通り」になる可能性はありますが）、エネルギー量が「本気の時（ワクワクして、どんどん行動に移したくなる時）」とは違うので、叶うまでに時間がかかるんですよね。

「叶えたいことリスト」の中には、「これを考えると、ワクワクして、いますぐ行動したくなる！」というものもあれば、それほどでもないものもある。

そう思うと、自分のエネルギー量で、自分の気持ちの確認もできるんです。

自分にとっての本当の「やりたい」は何なのか。

いまの私は、「海外に行った時だけ、本気出す英会話勉強法」が合っているので、それを自分が心地よく楽しくできる範囲でやる！　ということにしています。

ワクワクしていると、行動も伴ってくる

自分の行動や思考を観察すると、「自分が本当はどうしたいのか」が見えてきます。

「行動できない自分はダメなんだ」ではなく、行動できない自分を客観的に見て、「私は、このことだと、なかなか行動できないんだな」と冷静に考えることが大事です。

私の友人も、仕事のことになると、重い腰が上がらず、事務作業などはできないけれど、「旅行に行く!」という時などは、ワクワクして、「やる気が湧いて、すぐに飛行機やホテルを手配してしまうんです!」と言っていました。

だから、「旅行に行く!」のと同じぐらい、彼女がワクワクできることを仕事にしたら、もっともっと「働く」ことが楽しくなると思いますよね。

私は反対に、仕事のことでは、すぐに行動できるけれど、旅行などの手配は面倒で、ついつい先延ばしにしてしまい、飛行機の料金が余計にかかってしまったり、いい席が埋まってしまっていたりします。

だから、こういう手配系の仕事は、人にお任せするようにしています。

自分がワクワクすること、ワクワクしないこと。

日常を振り返ってみると、すごくよくわかります。

そこを自分がちゃんと、わかってあげること。
自分が「どうしたいか」がわかると、「本当にしたいこと」に向かって、ちゃんと行動を起こせるから、何も心配しなくて大丈夫なのです。

もっともっと自分自身を信頼して、過ごそう♡

5

「朝の時間」を味方につけなくても大丈夫

多くのビジネス書や自己啓発書を見ると「朝の時間を制する者が人生を制す」みたいな文言が並んでいますよね。

私もよく目にしていて、それを読むたび、「どうしよう……。私は人生を制することはできないかも」と思っていました。

なぜなら、早起きが大の苦手だから!!（笑）

朝の時間のほうがクリエイティブな仕事がはかどるとか、朝五時に起きて勉強すると頭に入るとか聞くことも多いですが、私は午前中に予定がある日以外は、目覚ましをかけません。

普段、私が起きるのは十時頃。なので私には、ほとんど午前中がありません。早起きを勧める本を読んで、「朝、早起きして仕事するぞ！」なんて、張り切ったこともありますが、「早く起きなくては」というプレッシャーがかかって、かえって逆効果でした。

もちろん朝早く起きると清々《すがすが》しい気持ちにはなりますが、絶対早く起きなければいけないということではないと思うのです。

それよりも大事なのは、自分の心地よさ。朝早く起きてモチベーションが下がるのか、上がるのか……その答えは、自分だけが知っているのです。

「早起きがいい」とされているのは、「早起き」すると気持ちがいいという人が多いから。でも、自分もそうだとは限りません。いつでも、どんな小さなことでも、自分の気持ち、自分の心の声に耳を傾けることが大事です。

私は、パーソナルスタイリストとしてお客様を自宅サロンに毎日、お迎えしていた時も、午前中のオープンは極力十一時にしていました（ご希望があれば十時ということもありましたが）。

自分の「できる・できない」を認めてあげる

ここで、みなさんにお伝えしたいことは、すごく意識の高い人や、頑張っている人のマネをしなくても、「自分の心地よい形」「自分にちょうどいい形」でちゃんとうまくいくということです。

私が「朝、早く起きなきゃ！」ということにとらわれて、毎日を楽しめていないのなら、もしそれで売上が上がったとしても、幸福度はいまより低いでしょう。

世間一般のアベレージを見て、「私、平均値より低いからどうしよう」「私、みんなみたいにできないけど、大丈夫かしら」なんて思うこともあるかもしれません。

でも、大丈夫です。「これが私」と、思えればいいのです。

私の講座に通ってくださっている方で、とても引っ込み思案な方がいました。五カ月間の講座に参加されていたのですが、その方は毎回、後ろのほうの席に座って、前のほうに座っているキラキラしている人たちを羨ましく眺《なが》めていたとブログに綴《つづ》っていました。

「講座中に質問できる人はすごい人で、質問とかできない私はダメな人間」だと。

それを読んだ時、「私も同じ！　質問できない！」と思いました。

セミナーなどに参加したら、私は絶対に後ろのほうに座ります。そして、質問で手をあげることは、まずありません（笑）。

でも、一つ違うところがあります。それは「私は、こういうキャラだから」と思っているところ。それを卑下《ひげ》もしていないし、ダメだとも思っていないのです。

前のほうに座る人、質問できる人を、「いいね、いいね」とは思うけれど、それと比べて自分がダメだとは思いません。彼女は、それができる人で、私はしない人。
ただ、それだけ。
一人ひとり、みんな違うのだから、他の人と同じことができなくてもよいのです。
私の「できる、できない」をちゃんと知って認めてあげよう。
「これが私」なのだから。

6 うれしいことを「共有」できる仲間をつくる

私は、これまでの本でも「『ある』にフォーカスすることが大事です」とお伝えしてきました。

自分の中の「ない」にフォーカスしてしまい、「私の人生には、あれもない、これもない」と、「ないないループ」にはまっている人は少なくありません。

でも、本当は、住む家もあるし、美味しいものが食べられるし、友達がいるし、仕事もあるし、家族はいるし……たくさんの「ある」があるはずなのに、それを見ずに「ない」ばかりを探して、勝手に落ち込んでいるのです。

そんな状態の方がすごく多いなと感じます。

だから、まずは自分の「ある」を認識することが、とても大事です。ノートにいまの自分の「ある」を書いてみるだけで、自分の周りの世界がどれだけ満たされているかに気づきます。

そうやって「ある」を認識した方から「私には、『ある』がたくさんありました!!!」というお声をよくいただきます。その一方で、認識した後に、その満足感が持続しないというお声もいただきます。

またすぐに、「ない」にフォーカスしてしまう、と。

それはなぜかと考えました。そこで気づいたのが、自分の「ある」を共有できる人がいないのではないか、ということです。

「人のいいところ」を喜べたら、次はあなたの番!

普段、誰かとの会話の中で、自分の「ある」を言う機会って、なかなかないと思いませんか?

「私、お金があって」「私の彼氏、本当に素敵で」「私の家、すごく大きくて」……そんな会話をしている人って、あまり見かけません。

それよりも、「私、お金がなくて」「彼が全然、優しくなくて」「私の家なんて、本当に狭くて」というように「ない」を言う人のほうが多い気がします。

だって、「ある」を言うと妬《ねた》まれたり、嫌われたりしそうで、言いたくてもなかなか言えませんよね。それよりも「ない」を共有したほうが、同情されて優しくされる。そして、良好な人間関係も築ける。そんなふうに思ってしまうのです。

でもね、私、思うのです。

本当に自分のことを大切に思ってくれている人なら、自分の「ある」を心から喜んでくれるって。そして、私もその人の「ある」を心から喜べるって。

私は仲間たちと一緒に、「いいね、いいね」という言葉をすごく言い合います。

誰かに素敵なこと、「いいこと」があると、「いいね、いいね」と一緒に喜ぶんです。

私にうれしいことがあった時にも、みんな「いいね、いいね」「いいじゃん、いいじゃん」と喜んでくれます。

だから、みんな自分の「ある」を共有したいし、みんなの「ある」をもっと聞きたいのではないかと思うのです。

「ある」を一緒に喜び合える仲間ができると、自分の世界が「ある」で溢れて、もっともっと満たされていきます。

人のことを、「いいな、いいな」と羨ましく思った時は、自分の中の未来の選択肢に加えるのと同時に、心の中で「いいね、いいね」に言い換えてみてください。

人のいいところを喜べたら、次は自分に「いいこと」が起きる番なのです。

7 「違和感」をそのままにしない

「本当は、やりたい……」

「本当は、こうしたい……」

そう思うけれど、どうせムリだよね、と思っていること、たくさんあると思います。

また、誰かから頼まれたことを「本当はやりたくない」「断りたい」、だけど、「私が少し我慢すれば……」と思って、モンモンとしながらも頼まれたことをやってしまうということも、きっとありますよね。

私は、「自分の本当の気持ちに正直に生きる」ようになってから、自分が違和感を覚えることや、嫌だなと感じることは、相手に正直に「伝える」ようにしています。

「冷静に伝える」と相手にもしっかり伝わる

よく、「会社で納得いかないことがあるのですが、どうしたらいいですか？」というご質問をいただくのですが、私は、納得いかないということを冷静に「伝える」といいと思うのです。


「絶対に私の考えが正しいから、相手の考えを変えてやる！」

「こうならなきゃ、嫌です!!」

などと、感情的になるのではなく、

「私はこう思います」

「こういう考えです」

ということだけ、「私の意見」として伝えておくのは、とても大事だなと思うのです。

それですぐに、自分が望む通りに、ことが運ぶかどうかはわかりません。でも、自分の中でただモンモンと、「こんなはずじゃないのに」「本当は嫌なのに」と思っているよりは、よっぽど気持ちがスッキリするはず。そして、相手もこちらの意見を聞いてくれた上で、納得できる説明をしてくれることが多いのです。

「嫌だな」とか「納得いかない」ということがあった時、相手には悪意などがあるわけではないのです。ほとんどの場合、「少し自分と考え方が違っただけ」なのです。

そこで、「私は、こう思っている」ということを伝えると、

「そうなんですね！　わかりました！　そう思われているなら、検討します」

と言ってもらえることも多々あります。

自分の本当の気持ちに蓋《ふた》をせず、自分の思いをちゃんと伝えてみましょう。

相手を変えようとするのではなく、冷静に。

8

願いは、少しずつ叶えていく

私は毎年、年始に「今年叶えること」をノートに書いています。

十年ほど前になりますが、その年はノートに「今年は三回、海外旅行へ行く」と書いていました。

それまで本当に、長らく海外旅行へは出かけていなくて、「行きたい、行きたい」と思っている状況でした。

そんな状態だったにもかかわらず、「今年は三回、海外旅行へ行く」とは、なんとも大それた目標だったなと思います。

もその年、本当に三回、海外へ行くことになりました。

の年がはじまってすぐ、いまのパートナーと出会い、三月頃につきあいはじめたのですが、彼は日本と香港との二拠点生活を送っている人で、毎月、月の三分の一は香港で暮らしていました。

よって私は、その年、「彼について行く」という形で三回、香港に行くことになったのです。

私の中の海外とは、ハワイとかパリとか、そんなイメージでした。彼に会うまで「香港」という場所に興味を抱くことは、人生で一度もありませんでした。でも、ノートには「海外」としか書いていなかった！（笑）

自分のイメージしていた「本当の理想」とは少し違いましたが、書いたことが現実になったのです。

それから、なんとなく「海外」という場所が、ぐっと身近に感じられるようになったと思います。

海外に行くことで、カオスな状態になっていた頭の中がリセットされたり、感性が刺激されたりするので、いいアイデアがたくさん思い浮かびます。

そして、海外にいる時のほうが、ブログの記事も、いいものが書けるんです。

新しいことを目にして耳にして、いつもとは違う体験をすることで、気づきが多くなり、ブログに書くことにも深みが出るのかなと思います。

一気に「理想とする形」にならなくてもOK

「当たり前のように海外に行く」

これは、以前の私の生活では、全く考えられないことでした。

海外に行くというのは、とても特別なことで、「一年に一回、あるかないかのスペシャルイベント！」だと思っていたからです。

でも、「海外に自由に行く」ということを、自分のライフスタイルの理想に入れた時から、いつの日かそれは普通のことになっていました。

私の「香港に年三回行った」という体験のように、みなさんが「理想を叶えたい！」と行動を起こした結果、最初は「思っていたのと、なんだか、違う！」という叶い方になるかもしれません。

でも、そこから少しずつ少しずつ、自分の本当に望んでいた形になっていくから不思議です（私の場合、本当の理想の形になるまでに、三年ほどかかりました）。

どんなことでもそうですが、最初は、少しずつ少しずつはじめていくことで、「自分の一番理想とする形」にしていくことができるのです。

いまは、やはり以前のように海外に行くことはできませんが、この経験を通して、「夢のような理想を現実にする」ということができるようになったので、その時々で可能な限りの心地よいスタイルをつくっていきたいと思います。

9 もっと身軽に「私の場所」をたくさんつくる

3章で書いた通り、以前は、一カ月間、丸々日本にいる時は、東京には月に二回、計五泊くらい滞在し、二、三カ月に一回、海外に行く生活をしており、東京でも海外でも知り合いやお友達が増えました。

すると、その場所が単なる「観光地」ではなくなり、「帰ってきたくなる場所」になります。つまり、第二の「私の場所」になるのです。

現在の情勢でここ数年は海外へ行けなくなっていますが、海外で出会った多くの人たちと、メッセージなどで近況をやりとりしています。その場所の状況やお友達の生活の変化もリアルタイムで伝わってくるので、心の距離は離れていません。

いまはなかなか行き来できませんが、私の心の中で、そこは「また必ず帰りたくなる場所」として在《あ》り続けています。

第一の「**私の場所**」は、基本的には「自分の一番の拠点（＝住んでいる場所、私の場合は名古屋）」です。そして、そこ以外にも「自分の場所」をつくっておくと、とても楽しいのだな、と感じています。

私は、ハワイとニューヨークによく行っていましたが、ハワイは高校時代からの友人が現地の人と結婚して住んでいて、行くたびに「おかえり」と言ってくれます。滞在する場所も、ハレクラニというホテルが大好きで、いろいろなところで「好きだ、好きだ」と言い、何度も泊まっていたら、スタッフの人も名前と顔を覚えてくださるようになりました。

また、なんと、インスタグラムのキャンペーンでスイートルームが抽選で当たるなどのミラクルは起こるわ、「おかえりの際は、ご連絡ください」と言ってくださる人たちができるわで、ハレクラニは機会があればいつでも帰りたい場所になっていました。しばらく行けていないので、次にハレクラニに降り立てた時には、「ただいま」と涙してしまいそうです。そんな場所が自分にあることも、とてもうれしいことだなと思います。

「憧れの街」が私をウェルカムしてくれるようになった

そしてニューヨークは、もちろん最初は誰も知り合いのいない場所でした。でも、「ニューヨークに行く」と決めたら、私のブログの読者で現地在住のライターさんが連絡をくださって仲良くなったり、ニューヨークで新聞社を経営している社長さんを友人が紹介してくださったり、有名な料理研究家の方と出会えたり……。

まだまだ、言いつくせませんが、ニューヨークはまさに、〝出会いのオンパレード〟の場所でした。

私はアメリカのドラマ『セックス・アンド・ザ・シティ』が大好きで、ニューヨークは昔から憧れの街でしたが、私にはなんだか遠くかけ離れた世界でした。

それが「行く」と決めた瞬間から、いろいろなことが動き出し、まさに私をウェルカムしてくれるような、そんな場所になったのです。

「相性のいい場所」では、素敵なミラクルが起きる

いま、憧れていて、でも、ものすごく遠いと感じている場所があったとしても、「一度行ってみる」と決めるだけで、ぐっと近い場所になることはあると思います。

それはもちろん、海外だけではなく、日本国内でも。新幹線や飛行機に乗っての移動はすごく特別なことのような気がするけれど、実は日本国内なら数時間で行けてしまう場所がほとんど。

だから行ってみたいところには、「えいっ!」と身軽に足を運んでみたらいいのです。そうすると、「実はこんなに近かったんだ!!」「すごく心地のいい場所だな」と、たくさんの気づきがあると思います。そして、自分にとって波長の合う場所だとミラクルがたくさん起こるかもしれません。

そんな体験が、自分はどこへでも行けるし、何でもやれるという自信につながると思います。

一度行ってみると、「やっぱり、ここが好き」と思ったり、「ちょっと違ったな」と思ったり、「自分ごと」として捉《とら》えることができます。

そして、**「やっぱり、ここが好き」と感じる場所では、いろいろなミラクルが起こるようになっている**なぁと感じています。

「お気に入りの場所」がこの地球上にたくさんあると思うと、なんだかうれしくなってきませんか？　その場所は、本当にどこでもいいのです。日本国内の田舎のほうでもいいし、海外の日本人がほとんどいない場所でもいい。

あなたの大好きな場所、定期的に訪れたい場所をつくっておくと、その場所からパワーをもらえたり、自分をリセットするための時間が持てたりできるので、そういう場所をつくっておくことは、とてもオススメなのです。

「あなたの場所」は、地球上のすべての場所から自由に選べる。

10 「焦らない私」でいる

私はよく、「何をやって、人気が出たんですか？」というご質問をいただきます。

私より人気のある方はたくさんいるので、このご質問に答えることも、なんだか恐縮な気がしますが、それを承知でお答えすると、「特別なこと」は何もしていません。

ただ、毎日ブログを書き続け、目の前のお客様と向き合ってきただけ。

やってきたことは、本当にそれだけです。

みなさんからは、「何かすごい裏技があるのではないか」と思われています。起業のコンサルティングをしていた時は、

「よしみさんのコンサルを受けたら、ブログを書かなくても、異業種交流会に行かなくても、人と会わなくても、SNSを何もしなくても、営業をしなくても、ビジネスができるということでしょうか？」

という内容のご質問メールがきたことがありますが、そんなわけがありません(笑)。

メールを読んだ時は、「それをしたくないのなら、営業代行の会社に頼むしかないのでは……？」と正直思いました。何もしなくてもうまくいく魔法を、私は持ち合わせていなかったから。

SNSを活用する時代、つまり「資金ゼロ円で好きなことを仕事にできる時代」だからこそ、思いついたことは全部やる、無料でやれることは全部試してみる、その中から自分にしっくりくるものを続ける……そんな精神で私はここまでやってきました。

そして、私にとって、しっくりきて続けられるものが「ブログ」だったのです。

自分の「心地よいペース」で楽しく歩いていく

毎日毎日、私はブログを書き続けてきましたが、いきなり彗星《すいせい》のごとく現われて、人気者になる人もいました。

そんなすごい人たちと自分を比べて、幾度となく焦りました。そんな時でも、ただ「目の前のこと」をひたすら続ける。自分の心地よいを信じて、ゆっくりでも歩き続ける。

パッと現われて、やめていってしまわれた方がたくさんいる中で、「自分の心地よいペース」を守り通してきた私は、まだ歩き続けることができています。

起業して十年以上になります。

起業家としてはまだまだですが、開業した当初は、まさか自分がここまでこられるとは想像していませんでした。

だからみなさんも、焦らず、「自分の心地よいペース」を守りながら、ぜひ楽しく歩くことを続けていっていただきたいと思います。

誰かに憧れて、焦る必要なし。
私は私のペースで、長く続けられるワークスタイルをつくろう。

5章

あっさりと「いいこと♡」は起きる

――「どんな答えが出るかなー」と楽しみに待とう

1

「ま、いっか。」がすべてを救う

いつも自然体で、優しくて、自分を楽しんでいて、仲間にも恵まれて、仕事もプライベートもうまくいって成功している人たち（私は、そんな人たちを「ゆるカリスマ」と呼んでいます）を見ていると、考え方や行動がすごくシンプルで無駄《むだ》がなかったり、あまり悩んでいなかったりする人が多いなと思います。

「ある出来事（事実）」について、「自分はどんなふうに感じたか」ということを認めたら、その後に「あーでもない、こーでもない」と悩むのは、時間の無駄だったりします。

それよりも、「私はこれが嫌なんだな、悲しかったんだな」ということをただ、味わえばいい。ジタバタする必要はないのです。

そして、その感情を味わって、ポジティブな解決策が見つからなかったとしたら、

「ま、いっか。」

とつぶやいてみる。
それだけで、だいぶ肩の力が抜けます。私は、「ま、いっか。」は魔法の言葉だなと思っています。

「余計なこと」に悩む時間を減らす

仕事で失敗した時や、人間関係で悩んだ時は「ま、いっか。」と小さく一人でつ

ぶやいてみる。

そうすると、自分の世界はその悩んでいることがすべてではないし、自分のフィールドは他にもある、考えても、考えなくても結果は同じなのだから、いまは、目の前の少しでも楽しいこと、ワクワクすることにフォーカスしよう、という気持ちにシフトしていけるんです。

うまくいっている人たちは、「余計なこと」で悩むことがすごく少なく、他の人より「楽しいこと」を考えている時間が長いので、幸せそうに見えるのだと思います。

でも、その人たちの人生には、嫌な出来事が全く起こらないかといったら、そんなことはありません。私にも日常で「あーあ」と思うようなことは、たくさん起こります。

ただ、その出来事の「捉え方」が違うだけ。

「ま、いっか。」は、自分の楽しい時間がスタートする魔法の言葉。

なんとなく落ち込んだ時は、ぜひつぶやいてみてください。

2 「ちゃんとした形」に、こだわらなくていい

いまでこそ、法人（株式会社）にしていますが、私は長い間「個人事業主」として働いていました。

税理士さんにも毎年、確定申告の時には「会社にしないんですか？」と聞かれていたのですが、私にはその気が全然ありませんでした。

なぜ、法人化させなかったのか……。

その理由は、「いつ、この仕事をやめたくなるか、わからないから」でした。

法人にしてしまうと、「やめようと思った時に、すぐにやめられないしな〜」という、なんともゆるい理由で、個人のままで何年も活動していたのです。

そのうち納める税金の額が、個人だとどうしても、ものすごく膨大《ぼうだい》になってしまうので法人にしたのですが、本当に長い間、「個人事業主」という形で活動していました。

「小回りが利く状態」でスタートしてみる

もちろん起業すると決めて「よし！　会社にするぞ!!」と最初から法人を立ち上げてもいいと思います。

ですが、起業するといっても、必ずしも事業計画書をつくり、銀行にお金を借りて、登記《とうき》しなければならないわけではありません。その時の自分にできることから、少しずつはじめていく方法もあります。

すべて完璧に準備して、うまくいく見通しが立ってからはじめるのもいいかと思いますが、うまくいくか、自分に合っているかどうかは、やってみなければわかりません。それに、「やりながらわかる」こともたくさんあるので、考えなきゃいけないことがあるならば、やりながら考えればいいと思います。

最初に計画を立てすぎると、予想外なことが起きた時に、軌道修正がしにくかったりするので、もっと身軽に自由に、**小回りが利く状態でスタートすると、自分らしい成功を成し遂げやすい**なと私自身は感じています。

3 肩肘張らずに、「あなたのまま」で

年齢が若い時、あるいは新しい業種に転じたばかりの頃は、「経験が少ないと思われてはいけない」「お客様に不安を抱かせてはいけない」と、ムリに背伸びをしてしまうことがありました。

もちろん、いかにも自信がなさそうにオドオドしているのはよくないと思いますが、ムリに肩肘《かたひじ》を張ることはありません。「いつもの自分」でいればいいのです。

私自身、ビジネスのやり方やマインドの持ち方をお伝えする講座では、生徒さんのほうが年上ということも多々ありました。

所属している若い講師からも、「年上の人からも信頼されるようにしっかりしなければ、頑張らなきゃと焦ってしまって……」と相談を受けたことがあります。そんな時は「あなたのままでいいんだよ」と伝えていました。

「応援される人」は、甘えるのもうまい

もちろん、自分の専門知識について（私だったら、ビジネスのやり方や働き方・生き方のマインドについて）は、自信を持ってお伝えするし、相談に乗ります。

でも、人生の先輩である生徒さんたちへの尊敬の念は変わらないし、一回り年上の「優しいお姉さん」タイプの方には、プライベートのこと（恋愛とか、家事のこととか）で相談に乗ってもらったりすることもあります。

教える側だからといって、威張《いば》る必要はないし、すべての面で尊敬される必要もない。

自分の専門知識さえ、きちんとお伝えできていれば、他の部分では甘えんぼうでも、頼りなくても、いいのです。

「先生を応援したい！」という人たちだって、たくさんいます。

専門知識についてはすごいけれど、普通の生活では〝ちょっと抜けている〟先生の生徒さんは、そういうところもひっくるめて、「その先生が好き♡」という人も多かったりします。

完璧を目指す必要はありません。私のままで、いまの私だからこそ伝えられることを伝えることで、「ありのままのあなた」のことを大好きな人が、たくさん現われてくれるのです。

4 ワクワクに従うと、ミラクルが起こる！

私は七年ほど前から、毎年オリジナルの手帳を販売しています。

この手帳は「私が一番使いたい手帳」というコンセプトで、作成しました。

自分自身が比較的小さなバッグを持ち歩くことが多いので、大きい手帳ではなく、小さくて厚さも薄めの手帳がいい。でも、スケジュールはスマホではなく手帳で管理しているので、書くところもたっぷり欲しい。それからメモも書きたいし、新月のお願いごとも……と自分の手帳に対するわがままを存分に詰め込んだ手帳です。

私のこの思いに共感してくださる方々にご愛用いただき、おかげさまで毎年、早い段階で数千冊が完売しています。

この手帳は、当初、私個人の自主制作でした。手帳をオリジナルでつくるとなると、それなりにお金もかかるので、最初はどこかの会社に出資してもらおうか……などと考えました。

でも、そうすると出資してくれる会社の意向を汲《く》む必要が出てきますし、どれだけ確実に売れるのか、それをふまえた上で何冊作成するのか……と、先方に納得してもらえるようなデータを出さなくてはなりません。

自分では千冊くらいつくりたかったけれど、出資してくれる候補の会社にかけあったのが十月終わりと遅かったため「今年は五百冊にしておいたら?」と言われてしまいました。

もちろん、五百冊が完売するかもわかりません。でも、私は千冊つくりたかった。

そんなわけで、自分のポケットマネーでつくることにしました。

万が一、十冊しか売れなかったとしても仕方ない。手帳の業者さんを探し、その会社まで足を運んで、「自分のオリジナルの手帳を千冊つくりたいです！」と伝えました。

きっと手帳会社の社長さんも、「この人、いきなり千冊もつくると言っているけど、大丈夫かな？」と思われたはずです。

でも、私はワクワクしていました。

もちろん「赤字になるかもー」と、ドキドキもしていましたが、ワクワクが勝っていました。手帳会社さんに乗り込んだ時には、もう、

「赤字になっても仕方ない。それでもやってみたい！」

と腹をくくっていました。

楽しくコツコツ……が未来をつくる

こうして誕生した「ワークライフスタイル手帳」、おかげさまで販売するのも七

年目になります。つくりはじめて数年は自主制作でしたので、販売はすべて弊社のウェブショップで行なっていたのですが、名古屋の大型書店さんから「宮本佳実さんの手帳を取り扱いたいのですが」と打診をいただきました。

その時、「あー、こんなことって本当にあるんだな」と思ったのです。


通常、本屋さんに並んでいる手帳は、本と同じ大きさです。それ以外は、小さな手帳コーナーに並んでいるか、文房具屋さんの取り扱いになるかと思います。

私も出版社さんから手帳を出させていただくことも考えましたが、それだと私の一番のこだわり「小さなバッグに入る、小さな手帳」というのが、叶わない……そこは妥協できませんでした。

だから、ものすごく遠回りでしたが、自分でつくって、自分で売るという方法を選択したのです。

そうやって、目の前の自分にできることから、楽しく（ここ重要）、コツコツやってきた結果、その過程を見てくれている方々がいて、「書店さんに自主制作の手帳が並ぶ」という、ものすごいミラクルが起こりました。

本当に人生、何が起こるか、わからないなと思います。

自主制作を決めた当初は、書店さんに自分の手帳が置かれるなんて、絶対に不可能だと思っていたし、想像すらしていませんでした。もし、並べたいなら、大きさを妥協して、出版社さんにお願いするしかないと思っていました。ところが、現在は出版社のKADOKAWAさんからお声がけいただき、私のこだわりのままで制作していただいています。

「ワクワク」を選択すると、その先には、やっぱり自分の想像以上のことが起こります。そんなミラクルを起こすコツは、先ほども言いましたが、

いま、目の前のことを楽しくコツコツやる

ということです。

焦らず、比べず、自分に集中してコツコツ。

それが、「私の未来」をつくっていきます。

5 アイデアは「ゆるまった時」ほど溢れ出す

いいアイデアを出そう出そうと思って机に向かっている時よりも、自分自身が「オフモード」で、完全にゆるまっている時のほうが「これ、いい！」という、とっておきのアイデアが浮かんでくるなと、思っています。

たとえば、友人たちとワクワク話をしている時に、盛り上がってすごいアイデアが出てきたり、新幹線の中でぼーっと窓の外を見ている時に、ふっと新しいプロジェクトの構想が浮かんできたり……。そんなことが、とても多いのです。

そして、私にとって、一番アイデアが浮かんでくるのがバスタイム!!!

自分なりの「オフ・スイッチ」を持っておく

私のバスタイムは本を読んだり、動画を見たり、スマホを見たり……本当にゆっくり、ダラダラ過ごすものなのですが、湯舟から出て、体や頭を洗っている時に、いろいろなアイデアが溢れ出してきます。

これは、お湯に浸《つ》かって自分をゆるめた後に、「洗う」という目の前の行為に集中することで、ちょっとした瞑想《めいそう》状態に入るのでは？ と私は解釈しています。

ですから、私はバスタイムをシャワーでパパッと済ませることはせず、お湯にゆっくり浸かって、じっくり温まる時間をとるようにしているのです。

でも、お風呂の中だと、すぐにアイデアをメモすることができないので、覚えておくのがいつも大変です。

こうやって原稿を書いている期間も、お風呂で自分を洗っている時に「これ書こう！」「こうやって書いたら、わかりやすいかも」というアイデアがたくさん出てきます。

そんな時は、慌《あわ》ててお風呂から出て、十分に体も拭けないまま、急いでパソコンの前へと向かう……ということも、しばしば。

「意識的に自分をゆるめておく」のって、すごく大事。

瞑想などを実践してリラックスするのもよいと思いますが、私は瞑想が得意ではないので、ぼーっとする時間をつくったり、大好きな漫画などを読んだりして、ついついビジネスのことばかりを考えてしまう脳をゆるめています。

「ゆる〜」となれる自分なりの「オフ・スイッチ」を持っておくと、新しいアイデアがたくさん浮かぶようになるのでオススメです。

6 「やる気スイッチ」はこまめに押す

「ゆる～」スイッチを入れるのとは反対に、「やる気スイッチ」を入れるには、どうしたらいいですか？　というご質問も本当によくいただきます。

私は、名古屋にいる時は自宅にいることが多いのですが、自宅に私の書斎はなく、ダイニングテーブルにパソコンを広げて仕事をしています。

なので、私のスイッチは、

- オン……ダイニングテーブルに座っている時（パソコンを広げて）
- オフ……リビングのソファに座っている時

だな、と思います。パートナーにも、

「よしみがソファからダイニングに移って、テーブルに座りだしたらスイッチが入ったなと思って、あんまり話しかけないようにしている」

と、言われるほど。

「よし！」と決めて、ダイニングに移動し、カチッとスイッチを入れる時もありますし、ソファでくつろいだ後、なんとなくダイニングテーブルにつき、パソコンを広げてメールチェックなど、フェードイン的に仕事をはじめる時もあります。

テレビの音が気になりはじめたら、オンのスイッチが完全に入ったサインなので、テレビを消して、仕事にグググッと入っていきます。

ほんの五分でもパチッと入れてみる

自宅ではない場所では、パソコンを開いた時が、私のスイッチがオンになった時です。友人と一緒に旅行に行くと、私がさっきまで普通にくつろいでいたのに、急にパソコンを広げて仕事をはじめるので、「いきなりのスイッチ・オンに驚く」と言われます。

そして、いきなりプチッとスイッチを切り、パソコンを閉じてスマホを見だしたり、本を読んだり、友人に話しかけたりするので、またさらに驚かれます。

こんな感じで、私は結構、こまめにパチパチ、「やる気スイッチ」を入れています。スイッチを入れた後、数時間集中できることは稀《まれ》です。

こまめにスイッチをオンオフすることで、短い時間で効率的にエネルギーを出す(そう! 〝かめはめ波〟みたいに)ようにしています。

「やる気スイッチが入らない!」と思った時も、ダメ元で、ちょっと入れてみる。オンにしておくのは、ほんの五分でもいいんです。オフにしたら、またくつろいで、気が向いたら、またスイッチを入れればいい。

「スイッチが入らない」「やる気が長く持たない」と考えるのではなく、こまめにパチパチとスイッチをオンオフすればいいと思うと、気楽に仕事に向き合えます。

私が提唱している働き方は、**自分の日常の中に「好き」な仕事を息づかせる**というものです。だから、会社員時代のような、明確なオンオフがありません。デート中も、彼が席を外した時に、ササッとメールの返信をしたりするし、旅行中、海を見ながら原稿を書いたりもします。

だから、いまの私のワークライフスタイルには、このオンオフ・スイッチをこまめにパチパチ入れたり切ったりするという方法が、とても合っているのです。

7

「理想のステージ」にスルスルと行くには？

「理想のステージに早く上がりたい！」そんなふうに思うことって、ありますよね。

私もそう思っていました。

そして、その理想のステージに上がった時、「すごい私」になっているかと思ったら、実は「本当の私」に戻っただけで、特にこれといった変化はありませんでした。

変わっていたのは、私自身ではなく、身を置く環境（＝ステージ）だったのです。

そこで思いました。

「ステージって、上がるものではなく、移動するものなのでは？」と。

ステージを上げようとするから、「すごい自分にならなきゃ」「もっと付加価値を自分につけなきゃ」と躍起《やっき》になります。

でも、その「行きたいステージ」のエネルギーに自分のエネルギーを合わせれば、スルッと移動できるのです。

「感情の先取り」でワクワク疑似体験

行きたいステージに行くコツは、「そのステージにいる自分」を、ありありと想像して、そこで味わうだろう気持ちを先に味わっておくというもの。

- こんな家に住みたい
- こんな彼とつきあいたい
- こんな仕事をしたい

細かいところまでイメージをしてみてください。そのステージにいる自分は、どんな感情を味わっているでしょうか？

ワクワク？　楽しい？　安心感がある？　達成感がある？

その気持ちを、すでに「行きたいステージ」にいるかのように、味わっておくのです。そう、**「感情の先取り」**です！

また、そういう感情を違う出来事で味わっても構いません。理想のステージで味わうワクワクの感情を、テーマパークでワクワク疑似体験してもいいですね。

これも「魂ピカ」と同じ要領で、自分が心地よくて、気持ちのいい感情をたくさん感じてください。

実際、ステージは「上がる、下がる」ではないのです。

上がると思うと、下がるのも怖くなって、せっかく理想のステージに行っても、また「下がらないようにしなきゃ」と苦しい気持ちを味わうことになります。

そうではなく、

「自分が一番心地よくて、フィットするステージに移動する」と考えること。すると、ムリして上がらなくても、「行きたいステージ」に抜群のタイミングでスルッと移動できるのです。

とりあえず行ってみたけれど、移動するのが早くて、まだその「理想のステージ」が自分には、しっくりこないということもあります。

そういう時も、その場所でしっくりくるのを少し待つのか、一度、前のステージに戻るのか……それも自分で選択できるのです。

だからまずは、自分が「理想のステージ」に身を置いた時に味わうだろう気持ちを、いますぐ味わい、感じて、「理想のステージ」にフィットする自分になりきりましょう。

8

「どっちでも幸せ！」と思った瞬間、運命が動く

以前、読者の方から、

「執着を手放せば夢が叶うとよく聞きますが、それって、『叶えたい』という思いを持つのと、反対のことになるのでは？」

とご質問をいただきました。

私も長年、「本を出したい」と思っていたのですが、

「どっちでもいいや、叶っても叶わなくても、どっちでも幸せ！」

と思った瞬間、出版の夢が叶ったという経験がありました。

これは、恋愛も同じで、「彼氏が欲しい、欲しい、欲しい」と思っている時には全くできなかったのに、

「私の人生、思った通りになるから大丈夫。もう、心配いらない」

と心から安心したら、二週間後に、いまのパートナーと出会いました。

「自分は何があっても大丈夫」と安心しておく

なぜ、こんなふうに私の夢がスルッと叶ったのでしょうか。

夢が叶う前、私は「本を出せていない私はダメで、本を出している人はすごい人」だと思っていた。「本を出せていない私」は幸せじゃないし、もう一生出せないかもと、すねたりしていました。

でも、「魂ピカ」をして、毎日、毎瞬が満たされると、

「自分の願いはちゃんと叶うから大丈夫！　そして、叶っても叶わなくても、いま幸せだから問題もない♡」

と心から安心して、執着を手放せます。

執着しているとは、「これが叶わないと、私は幸せじゃない！」と思っている状態のこと。その状態では、「私は幸せじゃない」が思い通りになってしまうので、叶うものも叶わなくなります。

「こうなる！」と自分が思ったら、「こうなる！」が現実になり、「こうならなかったら、どうしよう」と思ったら、「こうならなかったら、どうしよう」と想像していることが現実になるのです。

だから、

「私は、この理想が叶わなくても幸せだけど、これが叶ったら楽しいし、さらにワクワクするな♡」

という心持ちでいると、願いがスルッと叶うことになるのです。

6章

「素敵な未来♡」があなたを待っている

——夢を追いかけるなら、軽やかに自然体で

1 「楽しそうなところ」に人もお金も集まってくる

たくさんの人たちと楽しく働いたり、たくさんの素敵なお客様に囲まれたりするコツは、まず何よりも「自分が楽しく働くこと」だと思います。

だって、ビジネス以外の場所でも、**楽しそうなところに人は集まりたくなると思いませんか？**

いまの時代、儲かりそうな場所、得しそうな場所よりも、**楽しそうな場所、気の合う人とつながれそうな場所、自分らしくいられる場所を人は求めていると思うのです。**

だから、「高い報酬」とか、単なる「利益」だけでは、その刺激的な文句に、一時的に人が集まったとしても、長くつなぎとめておくのは難しいと思います。

「みんなで一緒に楽しむ！」、昔だったら「サークル？」と、思われるような場所こそが、現代では大きなビジネスを生む場所になるのです。

先日、大手の広告代理店を経て、フリーでＰＲの仕事をしている女性にお会いしました。その彼女が、

「昔は人の価値を学歴とか年収でしか測れなかったから、多くの人がそうした部分を自分の価値基準にしていたけれど、ＳＮＳが生まれたことで、『センス』が新しい価値基準になったと思うんですよね」

と言っていました。

本当にそうだなと私も納得して聞いていました。

学歴や年収は、縦社会の基準で、自分がどの位置にいるのか、確かにすごくわかりやすい。そんな基準に照らして、「自分は低いところにいるから、自分の人生な

んて、こんなもの」……そんなふうに思っている人が、以前は多かったかもしれません。

「センスがある」＝「共感してもらえる力がある」

でも、ＳＮＳによって自分の価値を表現する手段も、成功の基準も多様化しました。

現在は、ビジネスでも「ブランディング」という〝魅《み》せ方〟で、その事業の明暗が決まります。

一般の方の中にも、自分のペットの写真を可愛くアップしたり、おしゃれな食卓を紹介したり、旅行の様子を上げたりする方はたくさんいらっしゃいます。さらには、普段のコーディネートをインスタグラムに上げることが仕事になっている専業主婦の方や、大きな企業とタイアップし、年収何千万円も稼ぐ方たちもいるほどです。

自分の「センス」に共感してくれる人たちが「いいね！」と言ってくれ、フォローしてくれることで、新しいコミュニティが生まれ、そこからビジネスに発展することも少なくありません。

これからは自分の「好き」をもとに、センスをどんどん磨き上げていくといいですね。

別に「ものすごく、おしゃれでなければいけない」というわけではありません。

もちろん、おしゃれな人は一定数いるので、おしゃれであれば、そういう方々の共感を得られるでしょう。でも、いまの時代、

自分の「いい」と思ったものを、「いい」と共感してもらえる力が「センスがある」

ということなのです。

そして、「私っぽい」を研《と》ぎ澄ますことが、「センス」を磨く上でとても大切になります。ナチュラルが好き、派手なのが好き、アニメが好き、不思議な世界が好き……なんでもいいのです。

その「私っぽい」世界観をわかりやすく、どんどん打ち出していき、

「私も、それ好き!!」と共感してもらえる力を持つ。

これこそが、「センス」を上げて、人気者になるコツです。

最初は、完璧を目指す必要はありません。あまり考えすぎず、あなたのセンスをどんどん発信していきましょう。いま人気のインスタグラマーの方のアカウントでも、よく見てみると、昔の投稿は、そんなに洗練されていなかったりします。

発信し続けることで、センスにも、どんどん磨きがかかっていくのです。

「私の好きの集合体」が、「私」のセンスであり、「私」だけのスタイルとなるのです。

2 全部自分でやらなくていい

自然体でうまくいっている人たちは、相手をいい気持ちにさせながら、いろいろなことをお任せするのが上手です。

「こんなことを任された、やってられない！」と思われてしまったら、お任せされた人は、いいパフォーマンスができません。そして、また次にお願いされた時、「えー、またぁ」と思うはず。

だから、「任されてうれしい！」と思ってもらえるようにお願いすることがとても重要だと思うのです。それには、

「あなたは、こういうところが抜群にすごいから、ぜひお願いしたい！」

と、その人にお願いすることにした決め手や、自分の気持ちを素直に伝えること。「褒め言葉」を添えてお願いすることで、「指示」ではなくて、「ご依頼」になるのです。

そうすれば、「こんなふうに頼まれたら、頑張っちゃう」と、任された人がいい気持ちになれます。

「お任せ」したら、口出ししない

お任せしたら、後は「あーでもない、こーでもない」と細かく口出ししないこと。そんなことをされたら、任された人はモチベーションが下がると思いませんか？

信頼してお任せしたら、その後はよほどのことがない限り、私は口出ししないようにしています。最初に「こんな感じでお願いしたい」と伝えたら、どのようにやるかの過程の部分は、相手にお任せしています。

細かく指示すると、こちらがあまり信用していないと思われかねません。信用されているからこそ、「頑張りたい」と思えるのに、あれこれ口出しされたら「じゃあ、自分でやればいいじゃん」と、もし、私が頼まれた側なら思います。「人を信用すること」、それは人生をうまく運ぶために、絶対に必要なスキルなのです。

私は名刺づくりから、チラシのデザイン、ホームページづくり、お申し込みフォームの管理、フォロー、確定申告、講師の仕事、スタイリストの仕事……最初はすべて一人でやっていました。

それを少しずつ少しずつ、いろいろな人にお任せしていって、いまでは、数十人のメンバーたちとチームを組んで会社を運営しています。

最初はもちろん「あー、自分でやったほうが、よかったかも」と思ったことがないわけではありません。

でもそんな時も、信頼してお任せし続けたことによって、いま、自分一人では到底成し遂げられない大きなことが、実現できています。

お任せした仕事を完了してくれたスタッフには、毎回、心からのありがとうをお伝えしています。オンラインで仕事をしていることが多いので、メールでこまめにお礼の言葉を伝えますし、会った時にも、いつも感じている感謝の気持ちをお伝えします。

私は、チームのみんなの仕事ぶりを見て、いつも、

「神がたくさんいる……」

と驚きます。

私には到底できないこと（できたとしても素人《しろうと》がネットで調べながら、なんとか形にするというレベル）を、素晴らしい完成度で仕上げてくれるので、毎回、ものすごく驚かされるのです。

そんな時は、その気持ちを素直にお伝えするようにしています。

「本当にすごい！　神!!」と。それぐらい、いつも感動しているし、みんなと働けることに、心から感謝しています。


だから、**伝えるのは、「感謝」を超えた「感動」の気持ち!!**

「本当にあなたにお願いしてよかった」ということをきちんとお伝えすることは、とても大事なのです。

3 自分に優しく生きると、人にも優しくできる

私は普段、自由気ままに旅行や遊びに行っているのですが、

「私が遊んでいると、みんな『よしみさんばっかり、遊んで～』とスタッフが思うかな」

という思いが、ふと頭をよぎることがあります。

でも実際には、スタッフから「よしみさん、もっともっと自由に旅行に行ったり、遊んだりしてください」と言われるのです。

最初は私も「気を遣《つか》って言ってくれているのかな？」と思っていたのですが、私

が毎日、頑張って仕事をしていると、やっぱり細かいことが目について、スタッフたちに細かい指示を出したりしてしまいます。

それよりも、私が自由に楽しんでいたほうが、スタッフも「こんなに自由に働けるんだ！」というイメージを持つことができるし、私に細かいところまで見られないで済むので、気が楽なようです。

「自由に、楽しく」の循環を自分から起こす

そして、私自身も自分が頑張っている時は、他の人も頑張ってくれていないと「なんで、やってくれないの？」と、ちょっと不満に思ってしまったりするのです。

でも、自分が自由に楽しんでいると、

「みんな、ありがとー！　みんなももっと、楽しみながら仕事してね」

という気持ちになります。

そう、自分に「自由に楽しくしていいよ～」と優しくすると、みんなにも優しく

できる。そして、またみんなが自分に優しくしてくれる……という循環の中で生きることができ、**「優しい世界」**に身を置くことができるのです。

この経験から、「優しく心地よい世界」というのは、まずは自分からはじまるのだなと思いました。

自分自身が、自分に優しくしてあげることで、人に優しくなり、そして人に優しくされる。「優しい世界」は自分でつくるものなのです。

厳しい世界よりも、どうせなら優しい世界で、私らしく楽しく成功する♡

そう決めた時、あなたはもう「優しい世界」の住人です。
だからまずは、自分に優しくすることからはじめてください。

4

大人になってからでも、親友はできる

「心を許せる友人が欲しい」というお声をよく聞きます。女性の場合、二十代半ばからどんどんライフスタイルが多様化し、いままで同じ話題で盛り上がっていた友人に、少し違和感を覚えはじめる……という方も少なくないかもしれません。

実際、

「これまで仲よくしてきた友達と価値観が合わなくなってきて、一緒にいるのが少し苦しく感じる時があるのですが、どうしたらいいですか？」

というご相談もよくいただきます。そのお気持ち、すごくわかります。

そういう時、ムリして関係を断つとか、不自然に離れるとかする必要はなく、自分からは積極的に誘わないようにするとか、これまでほど頻繁に連絡を取り合わないといった感じに、自分の心地よいと思えるペースで距離を取っていけばいいのではと思います。

なんだか違和感を覚えているのに「友達だから仲よくしなきゃ」と、ムリに思う必要もありません。

これはパートナーシップでも同じこと。人のエネルギーは日々変化しているので、いま、「ものすごく私たちはぴったり」と思っていても、五年後「なんだか、しっくりこないな……」となるのは、ありえないことではありません。

だから、友人となんとなくしっくりこなくなってきたのを気に病《や》むことはなく、いまの私に「しっくりくる関係」を、また新たに築いていけばいいのだと思います。

「素敵な出会い」が待っている場所とは

私がいま頻繁に会っている友人たちもみな、ここ数年で出会った人たちです。親友は学生時代や若い頃にしかできないと思いがちですが、そんなことはありません。大人になってからでも、たくさんの素敵な出会いがあります。

いま、そういう新しい出会いがないという人は、ぜひ、いまいるフィールドから一歩踏み出してみてください。

私が開催するセミナーやオンラインサロンに参加された方のお声の中で多いのが、「素敵な出会いがありました！」という感謝の言葉です。もちろん男女の出会いではなく、「一生の親友と思えるような友人ができました！」と言われることが、とても多いのです。

いまの自分がピンときた場所にいる人たちは、同じことにピンときているわけですから、気が合ったり、価値観が合ったりする確率が格段に高くなります。

そういう中で、自分が「一緒にいると心地いいな」という人と、関係を深めていけばいいのです。

5 「気乗りしない誘い」は断っても大丈夫

昔の私は、携帯電話のメモリーに、たくさんの人の連絡先が登録してあるほうがいいと思っていました。だから、その数を減らさないようにと、気をつけていたところがあったと思います。

でも、いまは、全くそういうことを気にしなくなりました。

LINEやSNSがあるので、「登録されている連絡先の数」=「友人の数」でないことも関係しているかもしれません。

でも、「本当につながっていたい人とは、つながっている」ことが一番大事で、「つながっている人数の多い少ない」は、あまり気にする必要はないと思うのです。

先日、こんなご質問を受けました。「友人から、気乗りしないお誘いがあった時、どうしますか？」と。

私は、「気乗りしないなら、そのお誘いは断ります」とお答えしたのですが、「でも、その日は予定が空いているんですよ。それでも、断っていいんですか？」とご質問者さん。

「はい、お断りしても大丈夫です。だって、相手にはあなたのスケジュールが空いていることは、わからないんですよね？（笑）」

と私は答えました。

たとえスケジュールが空いていたとしても、それは自分の大切な時間。気乗りしないお誘いに乗る必要は全くありません。

もちろん「気乗りしないから行きません」と言うわけにはいかないでしょうから、「先約があるので」と言えばいいと思います。

だから私も、自分がお誘いする時は、日程も一緒にお伝えするようにしています。

日程をお伝えしておけば、相手が気乗りしないなと思った時に、「日にちが合わない」ことを理由にして断りやすいだろうと考えるからです。

「ピンとこないこと」は笑顔でスルー

「誘いを断る」のは、誘ってきた人のことが嫌いとか、その人に会いたくないとかいうことではないと思います。

「誘いを断る＝誘ってきた人のことが嫌い」と思っていると、誘ってくれた人のことは好きだけど、誘われた内容には気乗りしないという場合、断るのがなかなか難しいですよね。

「断ったら、その人のことを嫌いだと思っていると勘違いされないかな」と心配になるから。

でも、そんな心配をする必要はありません。その誘われた内容に自分がピンとこないという理由で、お断りしても大丈夫なのです。

私は、気のおけない仲間内では、「それはピンとこないから、やめておくね」と普通に言い合っています。

お互いに情報交換は頻繁にするので「こういうのがあるけど、一緒にどう？」とは伝えますが、「それ、行きたい！」「それはやめておく」「今週はたくさん外出していて、ちょっと家でゆっくりしたいから、今回はやめておく」といったやりとりがよくあります。

家族やパートナーであれば、「それは行きたくないな」というようなことを、気兼ねなく言いやすいのではないでしょうか。

もちろん、相手との信頼関係にもよりますが、「断る」ということを、もっと気軽にしてもいいのではないかな、と私は思います。

6 一人の時間は、「私との約束」

スケジュールが空いていると、友達の誘いや仕事の予定を、ついつい入れてしまう……そんな方は、きっととても多いと思います。私も以前はそうでした。

パーソナルスタイリストとして働いていた頃のサロンの予約は、お客様がお申し込みフォームからご連絡をくださったら、そこからご希望日と自分の予定をすり合わせ、確定日をご連絡するという形をとっていました。

そうすると、お客様のご希望日が、自分が「休み」と決めていた日だったりします。自分としては、「仕事の日は仕事をする」「休みの日は休む」と、メリハリをつけたいなと思っているので、「仕事の日」に数名のご予約を固めたいという思いがありました。

けれど、みなさんにも、それぞれご都合があるので、そううまくはいきません。

そんなふうにお客様のご希望をすべて聞いて、スケジュールを組んでいるうちに、私の休みは一カ月に一回とか、二回になっていきました。

もちろん、仕事の日に一日中、仕事をしているというわけではないので、実働時間が多いわけではないのですが、そんな生活を続けているうちに、やっぱり「今日は一日お休みー！　誰とも会わない！」という日がないと、私はバランスが保てないなと、わかってきたのです。

そこで、本当に簡単なことですが、スケジュール帳の休みたい日にちを、あらかじめ蛍光ペンで囲みました。

「ここは私との約束」ということで。

予定が何も入っていないと思うから仕事を入れてしまうわけで、「自分との約束」が入っていたら、「予定を入れられない」という気持ちになります。

この方法は、私よりも何十倍も働いていらっしゃり、たくさんの人とも会っていらっしゃる女性社長の方にも「効果抜群」と言われました。

スケジュール管理は「一カ月単位」で

彼女はもともとスケジュールをすべて携帯で管理していたそうです。でも、私がプロデュースした手帳のマンスリーのページに、自分の予定を書いてみたそうです。するど、自分がどれだけ休みなく働いているのかが、視覚化できたとおっしゃっていました。

「こんなに、働いていたんだ……って、びっくりして」と。

そこで、私がさらに、

「『自分との約束』として、お休みの日をあらかじめ蛍光ペンで囲んでおくといいですよ」

とオススメすると、早速実践してくださり、そのお休みに、大学生の息子さんとお食事に出かけたり、家でゆっくりしたりできるようになったと教えてくださいました。

「ものすごく忙しい！　本当は『ゆるっと、ふわっと』を目指したいのに！」と思っている方は、スマホより紙の手帳、バーチカルよりマンスリーでスケジュールを管理することを私はオススメします。

紙の手帳のマンスリーの形式だと、自分の一カ月の予定を俯瞰《ふかん》で見ることができます。バーチカルだと、予定を見られる単位が一日とか一週間になり、自分がどれくらい忙しいのか、わかりにくいのです。

スマホのスケジュール管理アプリでも、マンスリー単位で予定が見られるものもありますので、使うならそういったものがオススメです。

自分の予定をマンスリー形式のカレンダーに書き出して、「自分の一カ月」を俯瞰してみると、「予定を入れすぎてしまって、気持ちが休まらない」ということが減っていくのではないでしょうか。

私も手帳をバーチカルからマンスリーで管理するタイプに変えてから、自分が心地よいバランスのスケジュールを組みやすくなってきたなと思います。

7 一瞬で「自分の世界」は変えられる

先日、「あー、自分の世界って、一瞬で変えられるんだな」と思う出来事がありました。

4章で、「私の世界」は、私自身が守るというお話をしましたが、そもそも、「**私の世界」というものは、私の「思い」でできているのです。**

先日、自分自身が「嫌だな」と感じるような、ちょっと落ち込むことがありました。そのことを考えてはモンモン……何をしていても、そのことが頭から離れません。

その時に、ノートに「なんで自分は嫌だと感じているのか」「それがどうなったら、私の気持ちは晴れるのか」ということを、自分の気持ちのおもむくままに書き出してみました。

すると、「気持ちが晴れたイメージ」のほうに思考がシフトし、気持ちが次第にスッキリしていったのです。

そして、テレビから流れていたけれど、気持ちが落ち込んでいたせいで、さっきまで全く頭に入ってこなかったバラエティ番組が、すごく面白く感じられたんです。

その時に、「『自分の世界は、自分の思いでできている』って、こういうことなんだ」と改めて思いました。

「目の前の現実」をどう受け取るかが決め手

目の前の現実（流れているテレビ番組）は同じです。でも、見ている私の思考がマイナスかプラスかで、全く受け取り方が違うのです。

現実が同じだとしても、私の「思い」ひとつで、世界がガラリと変わるのだと感じました。

たとえば、ハワイにいたとしても、自分自身が悩みを抱えていて、そのことばかり考えていたら、青い海も綺麗《きれい》に見えないかもしれません。

だから、「目の前の現実」が私たちの世界をつくっているのではなくて、私たちの「思い」が、いま、この世界をつくり出しているのです。

そう考えると、やはり「魂ピカ」をして、いつも心地よく、楽しく、いい気持ちでいるようにすることで、「私の世界のデフォルト」を心地よい世界にしておくことが、とても大事。

私の世界は、私の「思い」で、一瞬で変えることができます。

だからこそ、毎日の「魂ピカ」で、「本当の自分の気持ち」をしっかりと意識して、どんな時でも、「本当の私」に戻れるようにしておいてくださいね。

8
パスタを注文するように、理想をオーダーする

「思い」が「現実」をつくっていく。それはもう、みなさんもおわかりになられたと思います。この「思い通り」の理論は、「これから、あのカフェに行こう」「あの人と会おう」と思って、本当にあのカフェに行く、本当にその人に会う……というのと、同じ原理です。だから、簡単に言えば、レストランに入ってパスタをオーダーすることと、自分の大きな理想をオーダーすることに、違いはありません。

私たちは、パスタをオーダーした時、パスタが数分後に目の前に現われることを知っていて安心して待つことができます。

そして、「何かをオーダーして、それが現われるのを安心して待っている時の気

持ち」を自分の理想を叶えたい時にも使うことができれば、どうなるでしょうか。

きっと抜群のタイミングで、自分の理想が、パスタが出てくるように現実になっていくはずです。

思いの一つひとつが「人生の脚本」になる

いわば、私の「思い」は、自分自身の人生の脚本です。「思った通り」に人生のストーリーが運んでいくのですから。

最初は、自分の「思い」を「望み」と合わせていくのが難しいと思うので、この本で「魂ピカ」をして自分の本当の気持ちに向き合いながら、「こうなったらいいな、最高♡」をノートに書いていきましょう。

それが、人生の脚本の「下書き」になります。

そして、「思い」の一つひとつがきざまれ、それが人生の脚本となるのです。

「人生思い通り」を味方につけ、望み通りの人生を一緒に歩んでいきましょう。

9 人間関係に関する二大ルール

私がいい人間関係をつくるために大切にしていることの一つに、「期待するのではなく、信じる」というのがあります。

ついつい、人に期待をしたくなりますよね。

「これくらい、やってくれて当然」

「あれくらいは、できてくれないと」

なんて、自分の勝手な物差しで、つい相手に期待してしまうものです。

そして、その人が自分の期待通りにやってくれないと「なんで、やってくれないの？」とイライラしてしまう。

それって、本当に自分勝手だなと思います。

「あなたに期待しているから」よりも「あなたを信じているから」と言われたほうが気分も楽だし、もっと自分らしく楽しんでやろうと思える気がします。

この考え方は、私が育ってきた過程で培《つちか》われたものです。

私はごくごく一般の家庭に育ち、両親も高学歴ではないため、「親からの期待」というのが皆無《かいむ》の状態で育ちました。その代わり「よしみだったら、できるよ！」「よしみだったら大丈夫」と、いつも声をかけられていました。

そう、期待はされていないけど、信用はされていたのです。

この言葉のおかげで、私はのびのびと育つことができたなぁと、二十歳を超えた時、とても感謝したことを覚えています。

誰かをコントロールすることなく、信用する。

そうすることで、もっともっといい人間関係が構築されていくのかなと思っています。

「私のもいいし、あなたのもいい♡」というスタンスで

そして、もう一つ大事にしているのが、「押しつけない」ということ。

講座生の方に、

「私も『好きを仕事にする』というのを実践して、すごくうまくいったので、いま勤めている会社の愚痴《ぐち》ばかり言っている友人にそのことを話してみたのですが、全然わかってくれなくて。わかってもらうには、どうしたらいいですか?」

というご質問をいただくことがあります。でも、私は別にわかってもらえなくてもいいんじゃないかなと思います。

もちろん、自分が「いい」と思うことをシェアするのは、とてもいいことだと思います。私も、よかった化粧品、本、テレビ番組、レストラン……ついつい周りの

人に「これ、よかったのー！」と興奮気味に話してしまいます。

でも、それを聞いた人がオススメされたものを実際に使ったり、試してみたりするかは、その人の自由。だから、「こんなにいいものなのに！　絶対使ってよ！」と押しつける必要はありません。


自分がいいと思っているものもいいけれど、相手がいいと思っているものも、きっと、とってもいいものなのです。

だから、押しつけるのはナンセンス。

「私のもいいし、あなたのもいい♡」

そういう気持ちでいると、世界はもっともっと優しくなります。


「期待するのではなく、信じる」

「押しつけない」

これが、私の人間関係に関する二大ルール。

10 焦らず、心配せず、自分のペースで

いつか、誰かが私を幸せにしてくれる……そんなことを、私は思っていました。

いまも、「すごいプロデューサーが現われて、私の本をベストセラーにしてくれないかな……」なんて思いが頭をよぎったりすることがあります。

でも、そんなことをぐるぐる考えた後、「やっぱり、自分のペースで楽しくやろう」というところに落ち着くんです。

もし誰か、すごい敏腕《びんわん》のプロデューサーが現われて、私がブームになったとしても、それが自分の器と合っていなかったら、自分自身が心地よくないし、そのブームはきっと長くは続かない。

たとえば、売れているタレントがたくさん所属する大手の芸能事務所で、売れっ子をたくさん輩出している敏腕マネージャーに担当してもらえたとしても、全員が売れるわけではないし、一生安泰《あんたい》なんてこともない。

男性アイドルがたくさんいる有名事務所のあるタレントさんが、

「自分の売りは何で、どこを伸ばしていけばいいのか、自分のことを客観的に見ながら、考えて考えて考え抜いた」

と何かの番組で言っていました。

見ているほうは「この事務所でデビューしたら、もう安泰じゃん」などと思ったりします。

でも、そこから自分は俳優として立っていくのか、バラエティでやっていくのか、キャスターとしてのポジションを狙っていくのか……といった具合に「他の人と違う何か」を自分で見つけて、試行錯誤《しこうさくご》していかなければ、その他大勢になってしまうのです。

そして誰もかれもが、同じ世界で、同じ地位を確立できるわけではありません。

「私の正解」は、「私」にしかわからない

きっかけやヒントは、そしてチャンスは、他の誰かがくれるけれど、やっぱり自分を幸せにできるのは、自分以外にいないのです。

そして、私の正解は、私にしかわからない。

だから、自分自身が、ヒントをたくさん集め、そして行動し、自分の答えを見つけていくこと。

これをしていけば、自分のペースで、自分の成功をつかみ取ることができます。

私はそう、確信しています。

あとがき――あなたなら、できる♡

最後までお読みいただき、本当にありがとうございました。
この本をお読みになられて、もうみなさん、お気づきかと思いますが、

◆遠慮のない理想を描き
◆「魂ピカ」をして日頃から心地よい気持ちを味わい
◆「思い」を「望み」に合わせていけば

あなたの理想はなんでも叶い、「もう！　全部、思い通り♡」の人生になっていきます。

この三つのステップを踏み、魂をピカピカに磨いて、「本当の自分」でいさえす

れば、嫌なことがあったとしても、すぐ気持ちを立て直せますし、理想のために必要な行動も、「これ、やってみたい！」「あれも、いいかも！」と、どんどん溢れ出してくるようになるのです。

思い通りの人生を生きるのは、実は簡単なこと。あ、これも思い通りになりますね。思い通りの人生を生きるのが、難しくなるか、簡単になるのかさえも。

あなたが、これからの人生、「望み通り」に生きていかれることを、心から願っています。

あなたなら、できる♡

宮本　佳実

本書は、小社より刊行した単行本を文庫化したものです。

「全部《ぜんぶ》、思《おも》い通《どお》り♡」になる方法《ほうほう》

著者　宮本佳実（みやもと・よしみ）
発行者　押鐘太陽
発行所　株式会社三笠書房
〒102-0072 東京都千代田区飯田橋3-3-1
電話　03-5226-5734（営業部）03-5226-5731（編集部）
https://www.mikasashobo.co.jp
印刷　誠宏印刷
製本　ナショナル製本

 ISBN978-4-8379-3018-1 C0130

王様文庫

王様文庫

ふしぎなくらい心の居心地がよくなる本

水島広子

最近、自分に何をしてあげていますか？　いいことは「求めすぎない」「受け容れる」ときに起こり始めます。◎ヨガでも料理でも「今」に集中する時間を持つ　◎「勝った」「負けた」で考えない　◎誰かの話をただ聴いてあげる……いつもの日常をもっと居心地よく！

精神科医Tomyの心が凹《へこ》んだときに読むクスリ

精神科医Tomy

「注目度・急上昇！」の精神科医による「人生のお悩み」を解決してくれる本。あのこと、あの人に振り回されない方法、教えます！　◎過去も他人も変えられない。大事なのは「今」と「自分」！　◎うつとは「脳がフリーズした状態」　◎「上手に手を抜く」のも大切なこと

いちいち気にしない心が手に入る本

内藤誼人

対人心理学のスペシャリストが教える「何があっても受け流せる」心理学。◎「マイナスの感情」をはびこらせない　◎〝胸を張る〟だけで、こんなに変わる　◎「自分だって捨てたもんじゃない」と思うコツ……etc.「心を変える」方法をマスターできる本！

K30593

王様文庫

気くばりがうまい人のものの言い方

山﨑武也

「ちょっとした言葉の違い」を人は敏感に感じとる。だから……　◎自分のことは「過小評価」、相手のことは「過大評価」　◎「ためになる話」に「ほっとする話」をブレンドする　◎「なるほど」と「さすが」の大きな役割　◎「ノーコメント」でさえ心の中がわかる

使えば使うほど好かれる言葉

川上徹也

たとえば、「いつもありがとう」と言われたら誰もがうれしい！　◎会ったあとのお礼メールで⇩次の機会も「心待ちにしています」　◎お断りするにも⇩「あいにく」先約がありまして……人気コピーライターがおしえる「気持ちのいい人間関係」をつくる１００語。

シンプルだけど心にひびく大人の気くばり

吉原珠央

「さすが！」と思われる人の話し方・気の使い方とは？　受け身の姿勢に見られるよりも、ちょっとしたやり方、スキルで前向きな気持ちは伝わる。そして、あと少しの想像力を……。　＊「素敵！」と思ったらすぐ声に出そう　＊「知性的、かつ上品」という自分を守るバリア

K30594

自分のまわりに「ふしぎな奇跡」がいっぱい起こる本

越智啓子

あなたの「魂の宿題」は何ですか？　予約のとれないサイキック・ドクターが教える「奇跡が起こるしくみ」！　◎ハーバード大学でも実証ずみの「不思議な治療効果」とは？　◎「カルマの解消」とは、どういうことか　◎「世間」という〝幻の平均値〟に惑わされない

いいことがたくさんやってくる！「言霊」の力

黒戌 仁

運をつかむ人は「パワーのある言葉」を上手に使っている！　◎言霊の基本は、「シェア」と「いいね」と「ありがとう」　◎一寸先を〝光〟に変える言葉　◎神様は、「私は○○します」という切る人が好き……「魂の声」を活かして、自分の魅力と可能性をもっと引き出す本。

神さまと前祝い

キャメレオン竹田

運気が爆上がりするアメイジングな方法とは？「よい結果になる」と確信して先に祝うだけで願いは次々叶う！　☆前祝いは、六十八秒以上　☆ストレスと無縁になる「前祝い味噌汁」……「特製・キラキラ王冠」シール＆おすすめ「パワースポット」つき！

K30595